闯入不适区

The Discomfort Zone

[英]法拉·斯图尔特——著

董宇虹——译

天地出版社 | TIANDI PRESS

图书在版编目（CIP）数据

闯入不适区 /（英）法拉 · 斯图尔著；董宇虹译. —
成都：天地出版社，2022.3
ISBN 978-7-5455-6715-1

Ⅰ. ①闯⋯ Ⅱ. ①法⋯ ②董⋯ Ⅲ. ①自我完善化–
通俗读物 Ⅳ. ①C912.1-49

中国版本图书馆CIP数据核字（2021）第245971号

First published in the United Kingdom in 2018 by Piatkus, and imprint of the Little, Brown Book Group. This edition is published by arrangement with Little, Brown Book Group, London. Through Big Apple Agency, Inc., Labuan, Malaysia.

著作权登记号 图字：21–2021–264

CHUANGRU BUSHI QÜ

闯入不适区

出品人 杨 政
作　者 ［英］法拉 · 斯图尔
译　者 董宇虹
责任编辑 霍春霞
装帧设计 末末美书
责任印制 王学锋

出版发行 天地出版社
（成都市槐树街2号 邮政编码：610014）
（北京市方庄芳群园3区3号 邮政编码：100078）
网　址 http://www.tiandiph.com
电子邮箱 tianditg@163.com
经　销 新华文轩出版传媒股份有限公司

印　刷 天津旭丰源印刷有限公司
版　次 2022年3月第1版
印　次 2022年3月第1次印刷
开　本 880mm×1230mm 1/32
印　张 7.75
字　数 206千字
定　价 49.80元
书　号 ISBN 978-7-5455-6715-1

咨询电话：(028) 87734639（总编室）
购书热线：(010) 67693207（营销中心）

谨以此书献给威廉、帕克和琼斯

好评如潮

诚实、诙谐而深刻。它结合可靠的建议和事例来提醒你，你的未来由你决定。请立刻翻开这本书，发现持续成功的最大秘密吧！

——畅销书《个体突围》作者艾玛·加侬（Emma Gannon）

这是一本精彩而实用的书。它切切实实地展示了：如果按照法拉的建议多闯不适区，我们所有人都能取得更多成就。

——英国著名演员道恩·欧波特（Dawn O'Porter）

法拉帮助你习惯不适的感觉——也许你在读到这本书之前根本没有意识到自己需要这样做。

——主播及记者艾玛·巴尼特（Emma Barnett）

我爱这本书。它是一本引人入胜、鼓舞人心的著作。

——WAH美甲沙龙及beautystack.co[①]创始人沙玛迪恩·里德（Sharmadean Reid）

① beautystack.co：意思是“美人堆”，是一个网站。

我们都非常需要这本书。法拉能用她的文字、经历和精神点燃你内心的火焰。我强烈推荐你阅读它，并且克服那些阻止你跨出舒适区、在艰难困苦中茁壮成长的情绪。

——英国著名模特泰斯·霍丽迪（Tess Holliday）

害怕闯入不适区的后果，这是很自然的反应。但是，你会从困难中获得最棒的经验教训和成长机会。这本书教你如何跨出最初的几步，成为更强大的人。

——Tinder①创始人肖恩·拉德（Sean Rad）

这本书包含着人生的重要秘密之一：如何战胜恐惧。阅读它，迎接胜利吧！

——英国王室法律顾问海伦娜·肯尼迪（Helena Kennedy）

从激发你的乞求能力到催促你投入失败的恋爱，法拉·斯图尔带你走上一段真实而有趣的自我救助旅程，并且提供了实用的建议和真实的例子。

——英国前内阁部长萨伊达·瓦尔西（Sayeeda Warsi）

① Tinder：意思是“火种”，是一款交友软件。

目 录

CONTENTS

Chapter 3 从创伤到胜利

如果我们正确对待苦难，它就可以转变成令人难以置信的有用力量。

Chapter 4 社交完美主义的诅咒

如果你知道其他人很少会想到你，你也许就不会再担心他们对你有何看法了。

Chapter 5 如何应对突如其来的意外

任何人都能建立自己的知识库，做出更准确的直觉判断。

Chapter 6 悦纳反馈：改变人生的工具

你如果想继续前行，就必须再次闯入不适区，去学习如何接纳反馈。

Chapter 7 从约束中寻找灵感

真正的创造力需要创意，而创意往往来自困境。

Chapter 8 鼓励聪明的失败

只有当我们鼓起勇气去检查错因时，失败才能真正地帮助我们。

Chapter 9 分清“研磨”与“空转”

研磨是一种攀山式的奋斗，能将你带到顶峰；空转是在山底下的同一个地方兜兜转转，哪儿也去不成。

引言

FOREWORD

你有过被人怒目而视的感觉吗？我有过：同时接受25双不同眼睛的瞪视。那是我以《时尚》（*Cosmopolitan*）杂志总编的身份去上班的第一天。我的新办公室是一个12英尺[①]见方的玻璃盒子，兀立在办公楼层的中间。它有一扇窗户，我可以透过它俯瞰下面的苏活区[②]街道，角落里摆着一个海军蓝色的皮沙发（是亲爱的前任总编慷慨地留下来的），另外三面玻璃墙壁则朝向外面的25张办公桌，桌后坐着我的新团队。只不过，在2015年的那一个夏日，我不太确定他们是否欢迎我的到来。说实话，连我自己都不太确定是否想要坐在那个办公室里。

仅仅在数周前，我还在同一栋大楼里编辑另一本规模小许多的杂志。那是我的第一份编辑工作，做的是一本健康主题杂志，名字没什么新意，就叫《女性健康》（*Women's Health*），但我很喜欢它。它是我在3年前，带着仅有的两个队员，在一个窒闷的密

① 1英尺=0.3048米。

② 苏活区：街区名。英文Soho，有在家办公、从事自由职业的意思。很多城市都有叫这个名字的街区。

室里，靠着近乎零的预算创办的。我们的工作时间很长，获得的薪水却很微薄。从白纸到成品，我们只有8个星期的时间。噢，对了……还有，从第一期开始，我们必须卖出10万本。要是卖不到这个数呢？好吧，那它就会跟其他所有女性杂志一起，像多米诺骨牌似的倒在我们的四周——我们全部都会失业。但我还是接受了这场赌局，毕竟，这事能有多难呢？

开工3个星期之后，我发现“难”这个词远远不足以形容它。名人不愿意接受我们的采访（“女性什么来着……”他们的代理在电话那头慢条斯理地说），作家不愿意为我们写稿（“我这辈子都没听说过这本杂志……听着像维生素补充剂”），就连我自己也怀疑我们没法按时完工。

然而，在这个过程中，奇迹发生了。正是我一直担心会阻挠我们的那些障碍——缺钱、缺人、缺时间——推着我们飞上了云霄。资源的缺乏迫使我们超常发挥，以一种只有身处绝境的人才能真正理解的狠劲疯狂赶工。（外面那些图片代理、模特经理和名人经纪人们，请原谅我们的冒犯吧。我们确实是对自己做的事情毫无概念。）我们的鲁莽和大胆只有傻瓜或者混蛋才能做得到。我们起用新写手、新摄影师，还创造性（低成本）地讲述我们的故事，因为真相是，我们无法按照传统的方法去做。传统很贵的呀。

杂志的创刊号于2012年1月4日面世。我们都屏住了呼吸。24小时之内，销售数字渐渐增加。随后，有电子邮件进来了。再然后，喜欢我们作品的广告商纷纷发来祝贺的消息。“令人兴奋！”“真有趣！”“从没见过这么搞笑的健康杂志！”到了月底，我们售出了10.3万本。随着时间一天天地过去，每个月杂志的销量都在不断攀升。我们开始获奖。到了年底，我们得到了一项令人难以置信的荣誉——“10年来创刊最成功的女性杂志”。

2015年夏天，我担任《女性健康》的编辑正好3年零8个月。我们的团队已经增加到12人，合作无间，像一个大家庭。我认识同事的家人，他们也认识我的家人。其中一位甚至在英国25年不遇的寒冷的大雪天里，开车载着我，跑了200英里[①]路，去接我的小狗。一切终于变得……舒适。

这时，我收到邀请，担任《时尚》杂志的总编。

好了，如果这是一部电影，那么此刻正是画面应该暂停的时候，好让我给你讲述一些背景情况，帮助你理解，为什么这一幕并非像它最初呈现的那么诗情画意。《时尚》身陷泥沼，读者的数量在减少。我翻开一本《时尚》杂志，发现它与我20年前第一次读到的时候相比，简直就没变过。还是那群苦恼的阿姨（事实上，我在1990年就曾听过她们提出的关于如何应对伴侣不举的建议）；还是那些文章，传授十种吹箫的招式（说真的，都2015年了，还有人会做那种事吗？）；还是那种中间跨页，印着姿势别扭的裸男照片

① 1英里=1.609344千米。

（仔细一看，原来那人是《飞黄腾达》（*The Apprentice*）[①]里面的第五名选手）。《时尚》无疑依然是一份优秀的杂志，但它需要转变，而且必须要快。问题是，我不知道自己是否就是能够帮助它完成这项转变的人。首先，我将要取代业内最出色、最受敬仰的编辑之一，而我从入行以来一直都很崇拜她，也知道她的团队像对待母亲一样地敬爱她。其次，为了实现真正的改变，我还需要采取一些激进的手段。为此，我从第一天开始就会触犯众怒——包括从主创团队到全球数十万《时尚》忠实读者中的每一个人。《时尚》是世界上最大的女性媒体品牌，我不想成为它的掘墓人。

然而，48小时之后，我决定接受这份工作。为什么？因为我需要推动力，我需要感受《女性健康》创办初期那几个月里特有的压力和精神的战栗感，我需要踏入不适区。

于是，我来了，第一天正式上班，独自一人站在玻璃方盒似的办公室里。从旧办公室搬来的纸箱只有几个送到了。其余的那些连同我的书桌一起莫名其妙地在搬运途中消失无踪。唯一从我的《女性健康》老办公室顺利走过一小段旅途到达《时尚》新办公室的是一张庞大的立式办公桌……而我的脚上穿着6英寸的高跟鞋。

我站在桌后，双脚和后背酸痛不已。我望着外面，感觉真是荒谬，而且害怕得产生了幻觉。你知道吗？我的大脑并没把门外那25位《时尚》团队成员看成一个个独立的人，而是幻化成了一个庞大

---

① 《飞黄腾达》：美国的电视真人秀节目。

的敌对阵营。大脑告诉我，他们当中的每一个人都不想看见我在这里，每一个人都希望我失败。

不过，人类的大脑是一个古怪的存在，它会撒谎，会用简单的绝对化方式来编造吓人的故事。你如果不小心，就会被那些故事吓瘫在地。几周之前我就发现了这种现象。当时我正在度假，打算在加入新杂志团队之前稍微休息一下。我住的酒店有一个室外游泳池，那是一个漂亮的翠绿色池子，如同莫奈笔下的荷塘一样宁静而美丽。每天早晨，我都发誓要到池子里游泳。唯一的困难是：很冷啊，彻骨的冷。但我仍然每天破晓时分起床，睡眼蒙眬地走下楼，脱掉浴袍，一直走到泳池边上。然后，我就像尼歌拉·劳森[①]把食指伸进一碗奶油浆里那样，从容不迫地将食指伸进泳池，收回来，掉头回到酒店里。到了第三天，我连一圈都没游过。

后来我想明白了，问题在于我的大脑把游泳池看成了一个巨型冰块，认定到里面游泳将会是一次漫长而持续的挣扎过程。我当然知道这个结论是错的，毕竟，每天早晨池子里都有5位左右的泳客在游泳。确实，每次决定要不要换上泳衣时，我的内心都会纠结片刻。接下来，当我迈出第一步走进泳池时，我会有些许难受。然后，就是真正痛苦的关键时刻——我必须把整个身子都泡进水里。闯过那一关之后呢？可以游了呀。

最后一天，我走到行李箱前，不假思索地穿上泳衣，迈着坚定

---

① 尼歌拉·劳森：英国厨艺女王。

的步子走到楼下的泳池前，在池边坐下，把脚伸进水里。好冷啊。但我咬紧牙关，往水里沉下去，直到半个身子都泡在水中。那是最讨厌的时刻，是“关键点”。我卡在那里，双腿和臀部浸在冰冷的池水中，上半身却沐浴在温暖的阳光下。一般来说，我会原地站着，纠结几分钟。当我的大脑在轻松退出与艰难前进两种选择之间左右摇摆时，我的痛苦时间被延长了。

然而重点在于：认为离开泳池就是“轻松退出”的想法，严格来说，并不准确，那只是大脑使出来的诡计。在那个“关键点”，离开泳池与继续将整个身体扑进水中同样难受，因为那意味着我要从水里爬出来，将湿漉漉的身体暴露在空气中。与此同时，别忘了，在我面前还有四位领退休金的老人正在游着，他们都在看我，多尴尬啊。另外，“艰难前进”意味着将身体完全浸入冷水中的那一刻，要经受短暂的苦寒。于是，我选择了后者：数到三，屏住呼吸，沉入痛苦之中。

我不记得自己的牙齿究竟过了多久才停止打战。不过，最多也就几秒钟吧。痛苦很强烈，是的，但转瞬即逝。事实上，它消失得太快，以至于开始游泳之后，我几乎记不起它的感觉了。我只记得水面上的粼粼波光、服务员放在日光躺椅旁的饮料，以及数月以来第一次感受到的放松和胜利。

所以，在我到《时尚》杂志上班的第一天早晨，我回想泳池边那短暂的不适时刻，并且根据那次经验告诉自己，难受的时间很短暂。在这一整天、一整周、一整月，并不会像我最初想象的那样上演一出旷日持久的大戏。当然，当我将自己为杂志打造的激进计划向团队宣布时，大家会在我的办公室里吵嚷，会很难受，但那种状态几秒钟就能过去，不会在整场谈话中持续。还有，当我告诉某些成员，他们的工作成果需要做些修改时，他们肯定也会有抵触的情绪，但同样只要几分钟，等我解释清楚就好了。

困难从来不像我们想象得那么糟糕，也从来不像我们想象得那么持久。经验告诉我：困难并非常态，而是稍纵即逝；困难也不会削弱我们，相反，它赋予了我们力量。然而，我花费了数年，一次又一次地被抛进各种艰难困苦的境况中——常常是被迫的——才想通这一点。我曾经为了一份灾难般的工作搬家到世界的另一边（这种事后面还有更多）。我曾经不小心站上一个面对两万观众的舞台，全无准备，不知道该说什么（真正的噩梦成真），不久便丢掉了第一份新闻工作。但当年的我若非被迫陷入那些困难的境地，是不会像今天这样自愿投入相似情景中的。现在的我明白，直面真正的困难不仅能帮助我认清自己，而且能帮助我看到自己有能力成为怎样的人，获得怎样的成就。

我现在爱用的咒语是：习惯不适。而你，一旦发现它能释放你的真正潜能，也会这样做。还记得吗？小时候，你的父母总是唠叨地说，“你还没发挥全部的潜力”，而你却懵懂地想：到底潜力是个什么玩意？我怎么知道自己是否全部发挥了？闯入不适区，正是找到它的最快方法。

顺便说一句，如果这一切听着像是意志最坚定的苦行僧所做的苦差事，那么，真相大白的时刻到了：我并不比普通女子坚强多少，我的童年也没有什么非比寻常的经历能帮助我为这种生活做好比你更充分的准备。事实上，我根本不坚强。我是那个在幼儿园门口与妈妈吻别时大声哭闹的孩子；我是那个在公众集会上把自己整晚关在厕所里（情况许可时）的人；我是那个受到邀请在观众面前即兴“讲几句”时，感觉括约肌即将失控的人。或者说，至少在我习惯不适的感觉之前，我曾经是那个人。至于现在嘛，我能够轻松摆平这一切，心跳不会有丝毫的停顿。更棒的是，我享受解决问题的过程。我可以跟你担保：当你发现任何人都能轻松地面对困难之后，你也能跟我一样。

BMD：短暂的不适时刻

所有的痛楚与难过，都是短暂的。你知道那种涂抹在胡须上的小蜡条吗？男士们，现在请捂住耳朵并且阻断任何视觉表象。困难就是那样：一阵微弱的刺痛感，几乎立刻就会消失。当你公开演说时，真正难受的时间只有你走上舞台前的一阵子，好吧，也许还有刚开始望向台下所有凝视你的脸庞时的3秒钟。然后呢？没事了。你已经开口演讲，再也没空顾及疼痛或者困难，你的大脑正忙着处理手头的事呢。

我再给你举个例子。一位好心的同事带着蛋糕来访，而你30分钟前刚刚开始尝试某种新流行的奇特节食法。你知道那种感觉吗？好了，你的“关键点”（我指的是你那微弱的悲情时刻中最难受的点）就是嘴里流着口水，眼睛直勾勾地盯着蛋糕，心里必须决定是点头答应还是摇头拒绝的一瞬间。一旦你做出了选择，蛋糕就退场了。你的大脑继续处理别的事情去了。

我把这些时刻称为BMD，全称为“短暂的不适时刻”①。每一个人，真的是每一个人，都能忍受短暂的改变和痛苦。毕竟，大部分人都已经在日常生活中做过这样的事情。我们只是不愿意主动去做罢了。我打赌，你今天已经有过几次BMD了。比如，拒绝下班后再喝一杯（尽管你非常想喝），或者在健身馆里跟执拗的接待员争吵。这些都是BMD。区别在于，它们是被强加在你身上的，而不是你自找的。你说这算什么区别？哎呀，这可是天壤之别。如果困难从天而降，那么我们完全无法控制它，而失控可能会导致糟糕的后果；如果困难是你自己找来的，你就有机会按照计划搞定它。当你发现自己远远地漂离舒适区、陷入波涛汹涌的不适区时，手握路线图可以带你找到魔法宝藏。

过去的5年里，我一直在使用BMD方法。自从用上它，我不但改变了生活方式，而且提升了生活质量。我承担了更多的风险，因为我再也不会因为害怕危险后果而“瘫痪”。而且，通过承担那些貌似“难受”的风险，我获得了从未想过的新机会。给你举个例子

① 短暂的不适时刻：Brief Moments of Discomfort。

吧。现在，我工作中的一个重要内容就是在世界各地公开演讲，要是在以前，我绝对不敢相信自己会做这样的事。

那么，BMD方法是什么？它将如何改变你的人生？很简单，BMD方法是一个任何人面对任何貌似困难的状况时都可以使用的公式。它并不复杂，甚至不需要花时间去记忆。它仅仅是一个三步计划，可以在任何时间或者任何感觉自己脱离了“舒适区”的情况下使用。BMD方法可以使用一辈子。不过，我用得越多，就越不需要它了。因为，你一旦开始使用它，就会像中了魔法一样，变得更坚强，更自信，更能掌控自己的人生。我知道，这些话听起来像是那种站在舞台上、头戴耳麦、双手互握成“金字塔形”的人可能会抛给你的高大上的空话。不过，这是真的，我保证。

第一步：承认你的恐惧

从很多方面来说，这都是最难的一步，因为它对你的诚实有一点点要求。你需要停止假装自己能够“征服世界”（你若是真有那能力，怎么还没征服它呢），并且承认自己害怕什么。你需要划定自己的舒适区与不适区的交界线。这很关键，因为，光是发现自己身陷不适区，或者即将被抛进去，就可能是一次重大的打击。你会感觉失控，于是飞快地做出决定，可它们多数是错误的，而且很冒险。你如果因此受到了伤害，就很可能再也不会重复这种体验了。通过BMD方法，你不仅能够辨认跨入不适区的准确时刻，还能在那一刻体会到所有相应的感受（加速的心跳、汗湿的手掌、翻腾的肠胃……是的，我明白）。不过，至关重要的是，你要识别、承认并且理解这些生理反应，这是帮助你控制它们的第一步。

第二步：识别你的难受时刻

如果说第一步是要帮助你走进不适区，第二步就是要令你在那里感觉舒适（讽刺吧？）。舒适有两种。第一种是“死气沉沉的舒适”，就是人们在前途无望的工作和麻木不仁的婚姻关系中渐渐腐烂的那种情形。“死气沉沉的舒适”就像2012年流行的动物连体衣：当时大家都觉得，在家里穿着它各种姿势地瘫着很舒服，结果却发现，我们的身体在那人造动物皮毛之下也开始变成动物的样子了。我的衣服尺寸整整涨了一个码——这就是“死气沉沉的舒适”对你的所作所为。这种舒适不需要思考，不需要纪律，最终也不会给你带来任何收益。

但是，“活力四射的舒适”就完全是另一种情况了。它是一种积极的状态，而不是脑筋停转的状态。“活力四射的舒适”意味着在困难的情境中感到舒适——谁不喜欢这样的事呢？BMD方法教你学会识别在任何情境下三个主要而短暂的不适时刻（超过这个数目的情况很罕见——我会在后面解释），以及解决它们的方法。这些解决方法是你的“BMD军火库”，五花八门。你可以在开始演说之前沉默4秒钟来吸引观众的注意力（效果像做梦一样灵验）；也可以准备好一句话，以便在面试工作的过程中答不上某个问题时救场。我总是说：“我现在没法回答你的这个问题，但我可以给你（此处插入任何可以转移注意力的言辞，好让你至少能说点儿什么）……”建立BMD军火库是令你在任何未知情境中都感到舒适的关键。

第三步：重新想象困难

这一步很有趣。你已经猜出困难的真面目了，于是，你开始想象自己可以做哪些事情。从本质上说，在第三步，你已经明白困难只不过是持续几秒的难受而已。你开始看透，困难并非破坏王，而是建筑师。你开始理解，你看到的并非沉重的负担，而是振奋的希望。你终于透过迷雾看清楚，困难并非艰难困苦的挣扎，而是鼓舞人心的挑战。

* * *

基本上，使用BMD方法以后，你会发现生活中没有无法征服的挑战，只有一系列小型的困难测试，很容易克服。最艰难的状况并非大脑诱导我们相信的那种庞大而恐怖的经历，而是几秒钟就能过去的短暂痛苦。我喜欢把它们想象成高频率的人生训练。当你领悟自己的恐惧其实只不过像一口食物那么大之后，你就能承受一切。随着时间的过去，你甚至开始享受这些时刻。

如今，我使用这个方法来处理生活中遇到的一切挑战：受邀发表大型演讲、必须忍耐的争执、被迫出席的全陌生人派对。我知道，我害怕的一切都可以拆分成三个简单的“关键点”，所以，我敢于迎接那些以往通常会选择绕道而行或者胆战心惊地接受下来的挑战。你无法逃避困难。事实上，那些令我们感到忧心忡忡的情境，正是获得进步与成功的关键。你只要知晓了突破它们的秘密，就能征服以前从来不敢想象的挑战——沿途还能收获惊人的成果。

压力的“奇迹”

2008年，世界仿佛要分崩离析。全球最大的国际银行之一雷曼兄弟申请破产保护。几个月后，美国最大的保险公司之一美国国际集团做了同样的举动。金融世界支离破碎，拖垮了全世界人民的工作、家庭和理智。

我们打开新闻节目，镜头里要么是各种眼神迷茫的银行家在自己的办公室里被警方逮捕，他们的罪名很多人都听不太懂——大家还没弄明白次级房贷危机、债务抵押债券灾难是怎么回事；要么是各种美国家庭被逐出自己的家。我个人永远无法忘记的一幕是：在佛罗里达州，一个养了3条狗、育有6个孩子的完整大家庭，从一栋西班牙风格的大别墅里搬出来，然后他们指着一辆家庭房车说，在可见的未来，这就是他们的家。

我们现在当然已经知道，2008年是一场金融危机的高潮，是自20世纪30年代的大萧条以来最具毁灭性的全球经济衰退，席卷了全世界。然而在当时，很少人能理解，银行与银行家们搞的那些肮脏交易除了对他们自己有害，还会造成那么严重的衍生灾难。也许正因为如此，斯坦福大学的心理学助理教授艾丽娅·克鲁姆博士，与热心的心理学家、《快乐竞争力》（*The Happiness Advantage*）的作者肖恩·埃科尔一起拜访瑞士联合银行，开展了一次压力影响研究。

2008年，瑞士联合银行的状况并不好，不仅整个公司正在进行大规模重组，还在接受美国联邦调查局针对一项所谓的逃税阴谋开展的大型调查。与此同时，各大银行犹如被潮水冲击的沙堡一样纷纷倒塌。

因此，你可以想象，瑞士联合银行的银行家们非常乐意成为克鲁姆和埃科尔的压力测试“试验品”。克鲁姆和埃科尔从400个银行家里选出样本，大部分都是男性。他们被分为三组。第一组被带进一个房间观看视频，视频里说，压力有毒、有腐蚀性，会危害健康与幸福；第二组也被带进房间观看视频，但视频的角度与第一组的截然相反，压力被描述成一种绩效增强剂；第三组并没有观看任何视频，也许心里正在嘀咕，到底是怎么回事。

一个星期后，三组人被重新召集起来，每一个人都按要求报告接受测试以来的感受和工作表现。观看了压力有害视频的一组和没有观看视频的一组都说，没有发生变化。但是，看完把压力说成绩效增强剂的视频的那组人汇报说：工作时变得更加专注和积极，健康问题也比以前减少了。

其他实验也得出了类似的结论。一个在老鼠身上做的著名研究表明，那些可怜的啮齿动物经受了短时间的难受压力之后（把它们关在狭小的笼子里一小段时间），大脑的细胞会临时增大。与此同时，马修·赛义德在他的著作《反弹》（*Bounce*）中说，面对程度受控的难受感觉，人类的心智、身体都会做出积极的反应。

极限马拉松的跑手，拥有数年经验，跑过许多艰难并且通常极为苛刻的超级长跑之后，心脏会随之增大。职业舞者在多年的练习中必须将身体扭曲成最痛苦的姿势和形态，因此收获了犹如超人般的生理能力：双脚能转到离奇的角度。这当然是超级英雄们做的事。同样，职业钢琴家经历无数个小时的高难度练习之后，手指会比普通人更有弹性，可以伸展得更开（有趣的是，他们的大脑中负责手指活动的部分同样比我们这些普通人大很多）。甚至有些人认为，巴西之所以能够不断地出现世界一流的足球运动员——贝利、小罗纳尔多、罗纳尔多、加林查，名单还有很长——是因为这样一个事实：巴西的年轻人和世界上大多数地方的人不一样，他们不是在柔软的草皮球场上用轻巧的皮球练习足球，而是参加五人制足球赛。

五人制足球赛难度很大，玩起来很辛苦，尤其是大多数巴西小孩是光着脚玩的。而且，它是在坚硬的地面上比赛，速度很快，球门区更小，所用的足球更结实、更沉重，弹力比常用足球少30%。这一切意味着，这种球赛要求更敏捷、更有创意以及更高超的射门技术。换句话说，孩子们每次决定玩五人制足球赛，都是在将身体和心智抛入不适区。结果如何呢？巴西赢得的世界杯冠军比地球上任何一个国家都多。

所以，你明白了吧？困难以及困难引起的压力，并非我们以往认为的那样，总是敌人。只要加以恰当的约束，它就能产生巨大的优势和效果。从职业运动员到奔跑在尘土飞扬的五人制足球场上的小孩子，特定程度的压力是优秀与卓越之间的差异所在。

当然了，我支持的这个观点并不流行。作为曾经的健康杂志编辑，我相信你能想象这个说法多么不受人待见。我们生活在一个充满“压力”的时代，人人都有压力。随便找个人问一问这个星期过得如何，得到的答案中很可能会在某个时刻跳出“压力”这个词。研究发现，年轻人比年长者压力更大，女性比男性压力更大。如果你是居住在英国、年龄为18～24岁的年轻女子，那么你就是此刻世界上压力最大的人之一了。

万一我们一直都错误地对待了压力带来的难受感呢？毕竟，我们为了不用正面对抗它而构筑了一整条产业链来保护自己。过去的25年，我们将压力制度化、病理化，包装起来，绑上蓝丝带，再连同缓解压力的神奇按摩一起，当作奢侈的享受卖回给自己。我们面对的每一个挑战，遇到的每一个障碍，都被贴上了一个诊断标签：压力。

实情是：我们变得非常害怕压力。它有毒，它会屠杀你的脑细胞，破坏你的免疫系统。它会把你的心脏擂得像部落战鼓，将你的五脏六腑浸泡在皮质醇①中。你的血压会飙升，头发会脱落（发

---

① 皮质醇：Cortisol。压力状态下身体需要皮质醇来维持正常的生理机能；如果没有皮质醇，身体将无法对压力做出有效反应。

白）。压力用它的大拇指碾压你的身体和心灵，让你像人行道上的口香糖似的干瘪、破裂。

而且，我们已经发展出一种文化，把自己与任何被判定为有害或者引起压力的事物隔绝。正是这个原因，学校继续给第一名、第二名……最后一名颁发奖章。也是同一个原因，孩子们的家庭作业再也不用有害的红笔批改，而是用粉色笔——人们认为用红笔来标识失败过于“伤人”和刺眼。

在大学里，我们还见证了一些只能以“安全区”来描述的奇特新领域的诞生：一个宠溺的区域，里面没有讨厌的话题、相左的意见。基本上，任何与我们的世界观相悖的事物都被排除在外。各种专门为成年人设计的“压力释放”涂色书兴盛一时。如今，像耐克和优步这样的雇主还会为雇员提供“小憩时间”，以便释放办公室里的压力。

如果这还不能缓解你的压力，那么，也许遍布各地的谷歌式办公室可以帮你。在那些办公室里，经理们用“安逸的”豆豆袋取代冰冷的商务书桌，用乒乓球台替换“吓人的”会议桌，拆掉好端端的内部楼梯，改成“巨型滑梯”，好让身穿涤纶套装、不堪重负的成年人一溜烟滑下来，就像刚刚长出尖牙的巨型学步儿童。

噢，要是工作不能帮助你消灭所有险恶的压力，那么，生活度假公司肯定能帮忙。就让它们替你安排一个“零压力”假日吧，像从淘气孩子的手里夺走玩具似的没收你的电话，组织各种课外活动，比如“拔河”“咬苹果游戏”和傍晚的“歌唱聚会”。（这是真实存在的公司，在美国东部沿岸可以找到它们，它们为疲惫不堪的纽约客提供服务。）

可是，万一我们全都弄错了呢？如果少许适当类型的压力正是我们需要的东西呢？因为实情是：人类的身体就是为奋斗而生的。事实上，它在特定的压力条件下会表现得更为出色。它不仅能够在困境中生存，还能在其约束下腾飞。

别忘了，回到远古时代，人类在洞窟里涂鸦，烧烤猛犸象肉排，把骨头当成蒂芙尼吊坠戴在身上，大部分时间里都处于高度戒备状态。我们的祖先、祖先的祖先就是在这样的环境中进化的。生活很艰苦，困难是常态。他们以狩猎和采集为生。他们居住的世界时不时就会食物短缺、气温剧变，或者被身材5倍于他们的动物袭击。他们必须坚持不懈地寻找食物，设法保暖，避免受伤。这样的生活持续了数千年。因此，进化赋予了人类准备充分的身体和心灵，来应对每天的压力和困难。

然而，现代生活渐渐夺走了那些压力源。我们竟然说，这是进步。如今的西方世界有24小时营业的餐馆。你在电脑上点击一下，就能买到预先切好、煮好和消化过（没开玩笑，真的有）的食物，并且送到你家门口。天气太热时，我们有空调。天气太冷时，有暖气。各种外形亲善的智能机器——谷歌的Echo、亚马逊的Alexa和苹果的HomePod[①]——住进我们家里，坐在厨房的柜子或者床边的桌

① 谷歌的Echo、亚马逊的Alexa和苹果的HomePod：这三款都是智能语音设备。

子上，等待着主人的喊话。“Alexa，换个广播频道。”“好了，去谷歌查查做一个柠檬酥皮派需要多少克糖？”我就等着，看哪一天有人能拿出一台帮你放空膀胱的智能机器来。先把希望撂在这儿……

问题是，进步带来方便，同时也限制了我们。我们变得那么精于减少压力，以至于切实地感受到了这种做法的反噬。如今我们面临着本时代最大的健康挑战：肥胖、糖尿病、高血压和各种炎症，这些全都是将自己与压力隔离之后的副作用。我们的身体和心灵本来都是为了抵抗压力而构造的。这本书所宣扬的理念也许会让有些人难以接受：我们需要拥抱困难，而不是拿盾牌挡住它。我们需要将困难融入每日的生活。我们需要闯入不适区，拓展和测试自己的能力。我们只有闯入不适区，才能感觉到自己真正地活着。

成功人士都知晓并且理解这个理念。你来给我找一个自称从未跨出过“舒适区”就能获得成功的人吧，我能给你证明那人其实并没有他自己以为的那么成功。我们敬仰的领袖、政治家和运动员，一生中的大部分时间都在不适区中闯荡。史蒂芬·金、奥普拉·温弗瑞、J.K.罗琳的真正成功，都是从他们被迫陷入困难境地之后才开始的。奥普拉在第一份工作中被辞退；史蒂芬·金和J.K.罗琳的写作生涯之初，作品被拒绝过许多次。与困难的抗争带领他们找到了改变生活的魔法咒语，从而获得成功。

在这本书里，我采访了领袖、金牌运动员以及人生多姿多彩的普通男女。他们的技能无疑是十分出色的，但他们的真正秘密在于敢闯不适区。每一个人，从改变现代社会约会方式的26岁辍学生，到拯救数十条生命的获奖消防员，都会告诉你，他们是如何日复一日地克服困难，并因此获得什么样的卓越成就的。学习他们的经验，并且采用BMD方法，不仅能帮助你做出更加准确的判断、更加勇敢的选择，而且最终能为你的人生带来更大的意义与幸福。学习如何踏入不适区并泰然处之，就是你一直在等待的改变，只是你还不知道而已。

Chapter 1 >>>
重构困难——如何习惯不适

人生中最大的奖赏来自最大的风险。为了承受那些风险，你必须接受它们带来的那些难受的感觉。它们会与你争吵，让你质疑自己能否坚强地面对即将经历的难关。

起跑线上的颤抖：肾上腺素飙升

当肾上腺素飙升的时候，你感觉舒服吗？你是否像站在起跑线后的运动员一样，做好了准备？还是说，你会退缩、逃走，将自己锁在厕所隔间里，直到事情过去，并且发誓再也不会跟它碰面？或者，你也许——只是也许——是那种极度害怕心跳加速、肠胃纠结的人，以至于竭尽全力地躲避所有可能会产生这一类感觉的情境。

我上学的时候是一个短跑能手。我的双脚能像凯瑟琳转轮[①]一样飞转，跑赢班上的任何一个男孩子。我获得了当时的所有奖杯。每逢周二、周四的傍晚，我就会拉着劳累过度的妈妈到当地的田径场跑道边，看我练习。练习很轻松，在跑道上，我像只小松鼠似的蹲在起跑线后，心中坚信自己能刷新上一次的记录。（我可以在14.2秒之内跑完100米。对于一个还没闹明白家里厕所的卷纸怎么换的12岁孩子来说，这个成绩已经相当不错了。）我如鱼得水。我是教练所说的“潜力”跑手，有很大潜力。

人们悄声议论，我足够优秀，能代表我们郡出赛。然后呢？谁知道？也许甚至可以冲刺国家队。我在夜里躺在床上，睡不着，想

① 凯瑟琳转轮：一种烟花的名字。

象自己身穿红、白、蓝三色的莱卡运动服，光彩夺目地站在领奖台上，怀里抱着金牌，然后慢慢走下台，接受布兰登·福斯特[①]的采访。唯一的问题是：我无法在正式竞赛中取得成绩。

“症状”会从比赛的前一天晚上开始：干燥的喉咙，以及仿佛被迈克·泰森[②]用拳头抵住的肠胃。到了比赛的当天早晨，情况最糟：起床后，头昏脑涨；我去照镜子，看见自己的脸色是螺旋藻奶昔的颜色。等我到达赛道，看见观众与其他正在热身的孩子们前前后后地伸展双脚的时候，我就崩溃了。我会摇摇晃晃地走向起跑线，感觉身体里的每一个细胞都在颤抖，盼望着、祈祷着一切马上结束。确实如此。发令枪砰的一声响起，15秒钟后，我将以第四或第五的名次跨过终点线，跑出有生以来最慢的成绩。我会披上外套，投入妈妈张开的怀抱，然后逃进车子的后座。妈妈会打开车上的立体声，播放纯红乐队的曲子。我则蜷缩在后座，垂头丧气，试图用休闲外套把自己那夸张、强烈的哭泣声掩饰成米克·哈克纳尔[③]的窒息颤音。到了13岁，正是应该走上巅峰的时候，我彻底放弃了跑步。

我的问题是，难受的感觉彻底淹没了我。当肾上腺素开始升高时，我无法理解自己发生了什么状况，当然也没人能为我做好心

---

① 布兰登·福斯特：英国长跑运动员，退役后曾担任BBC的运动评论员。

② 迈克·泰森：世界重量级拳王。

③ 米克·哈克纳尔：纯红乐队的主唱。

理准备。喉咙干燥、肠胃持续地纠结成一团、起跑线上的颤抖，都被我当成自己未做好比赛准备的标志：我跑不好，我不是赢得比赛的那块料。我曾经听大人们说过，大赛前会神经“紧张”，但他们谁都没有想到跟我解释一下那是什么样的感觉。没有人花时间解释“紧张”可以是好事。没有人知道，我根本不明白肾上腺素并非止步的标志，而是冲锋的号角。（别忘了，当时是20世纪80年代后期，那时候同样没有人知道涂着食用油晒日光浴是坏事。）肾上腺素升高以及随之而来的难受感觉，是我的身体准备比赛的方式。然而，当我蹲伏在起跑线上时，我的双脚像小手鼓般抖个不停，我已经过了“肾上腺素峰值”的时刻。我的身体未能驾驭难受的力量，反而深陷其中。到了那一刻，一切都完了。

在这一章，我将告诉你如何习惯不适。我要向你展示，所有令你以为标志着自己尚未准备好进行大型演讲（或者重要的工作面试、给老板做报告）的感受，其实都是在证明你已经准备妥当。我确保你很快就能跟那些难受的感觉和谐相处，仿佛端着马提尼鸡尾酒和它们一起坐在吧台的一端。因为，你如果是那种希望拓展能力、挑战自我的人，想突破极限、探索自己的真正潜力，就必须习惯它们。我们总是听说，人生中最大的奖赏来自最大的风险。为了承受那些风险，你必须接受它们带来的那些难受的感觉。它们会与你争吵，让你质疑自己能否坚强地面对即将经历的难关。只要你以正确的方式去理解和估算这些感受，它们就会成为你最强大的盟友。它们其实就是肾上腺素。你一旦知晓并领悟这一点，就已经迈出了对付它的第一步。每一个人，不管是重量级的政治家还是职业运动员，都经历过它。人人都体验过纯粹的肾上腺素飙升时那种毛发倒竖、颈后发凉的感觉。成功者很明白，没有了它，他们将无法实现人生中一个个标志性的重大突破。而你，在明白这一点之前同样做不到。

不适瘫痪：强烈的挫败和感官崩溃

到这里，你已经知道肾上腺素是什么东西，何时会飙升了。它是一种自然的感受，是人类的本能，可以帮助我们在困境中成长。它指引着我们在听到巨大、刺耳的噪声时逃走。你知道的，它就像圣诞节时跑到你家屋外尖叫吵嚷的外地家庭，或者像Footlocker[①]大促销开始时的情景。问题是，那并非世界上最舒服的感受。有些人会感到眩晕，有些人觉得恶心。我呢？我需要不断地上厕所。

不过，对于某些人来说，那种感受会让他们彻底瘫痪。他们无法动弹，呆在当场。他们的大脑像自动售货机，吐光了所有的理智与知识。在那一刻，肾上腺素的飙升变成了恐慌的袭击。发生这种情况的时间很短，而且非常难以捉摸。它可能会在任何时候袭击任何人。而且，发生过一次之后，再次发生的概率很大。

① Footlocker：是一个体育运动用品网络零售商。

有些人把这种状态称为怯场。我把它称为“不适瘫痪”，因为，这就是它的本质——瘫痪。这种强烈的挫败和感官的崩溃，虽然只有片刻，却能让人害怕数年，有的甚至是一辈子。

举个例子，丹尼尔·戴-刘易斯，大概是他那个时代最杰出的演员了，三次获得奥斯卡奖。他的表演天赋极高，以至于能够彻底中止表演，跑去佛罗伦萨接受补鞋匠的再教育（是真事啊），然后再次回归，凭着在电影《冷血》（*In Cold Blood*）①中扮演的角色夺下奥斯卡最佳男演员奖。可是在1989年，他在伦敦国家剧院的舞台上扮演哈姆雷特时，中途突然停下来，呆滞了几秒钟，然后走下舞台，再也没有回头。那可不是小事。他发现，自己无法承受在观众面前现场表演的压力，从此，他再也没有表演过戏剧。他说那一晚的后遗症“糟透了”，以至于他要搬家到爱尔兰的郊区。他所经历的，就是“不适瘫痪”。

演员斯蒂芬·弗雷为了逃避当众表演戏剧的强烈痛苦，彻底离开了英国，以免再次遭受“不适瘫痪”。（那次之后，他还生动形象地把舞台上怯场的感觉描述成：像是被观众看到“你脑袋里有根皱巴巴的小弟弟”。）演员劳伦斯·奥利弗在50多岁时也曾断断续续地受到它的困扰。（顺便说明一下，这种瘫痪可能发生在你生命中的任何时候，所以，就算你现在能够克服它，也不敢保证以后

① 原文如此。根据维基百科，丹尼尔获得奥斯卡最佳男演员奖的三部电影分别是：《血色将至》《林肯》和《我的左脚》。《冷血》这部电影里没有丹尼尔。

没事。）格莱美奖获得者、歌手兼作曲家卡莉·西蒙曾经有6年时间没有现场演唱，因为她在台上会被难受彻底击垮。在职业生涯中的某个时刻遭遇“不适瘫痪”的名人在各行各业中都有，名单可以列很长：甘地、托马斯·杰弗逊、世界上最富有的人之一沃伦·巴菲特、歌剧演唱家芮妮·弗莱明、女演员贝特·米德勒、歌手阿黛尔。但他们每一个人都继续前行，成为各自领域中的佼佼者。那么，他们的秘诀是什么？为了理解它，你必须首先理解他们一开始为什么会被吓坏。

* * *

我们来假设一下，你准备当众发言。也许是在朋友的婚礼上你被选中，要讲一小段话，也许是老板要求你对团队里准备离职的同事说几句祝福语，这些都是很简单的要求。从表面上看，并没有什么紧迫的危险。那么，你为何感觉难受呢？为何你在准备开口的那一刻，“冻僵”的感觉会遍布全身呢？

正如我在前面提到过的，当你的身体处于压力之下时，会进入逃走或战斗模式。大多数人都能明白其中的原因：事态可怕时，你要么快速离开现场（逃走），要么坚守阵地进行战斗。不过，还有第三种反应，几乎每一个人都能感觉到，却没有得到同样多的关注：呆住。

呆住与“不适瘫痪”密切相关。它是一种无能为力的感觉，一切——思想、感受和正常的表达能力——都被抛到九霄云外。你像扎根一样定在原地，就连眨动眼皮或者吞下口水都无法做到。这样的感觉仿佛永远会持续（实际上很少能拖那么久，最多几秒钟），能让所有事情都乱套。你可能也见过演员在舞台上发生“不适瘫痪”的情景：他们双眼圆睁，嘴巴大张，像只猫鼬似的站得笔直。这时候，不论是旁观者还是当事人，都很痛苦。而且，这是让每一个见证者丧失信心的最快速方式。

在此，我简单描述一下究竟发生了什么事吧：就在你要选择战斗还是逃走之前，你会凝固几毫秒的时间，预判形势，以便决定下一步做什么。你的双眼睁大了一些，观察周遭的所有信息。你的嘴巴张大，准备尖叫或者大喊。你站在原地，似乎无法动弹，因为你正在储蓄能量准备下一个动作。

这一切听起来合情合理，是明智的进化结果，用于应对危急情况。但有时候，那几毫秒会拖长至几秒，再拖长几秒，然后，不知不觉地，你被困住了，陷在“不适瘫痪”中，想要摆脱已经非常困难。

为什么会发生这种情况呢？呃，据说是因为现代生活中并没有真正迫在眉睫的危险（没有野生老虎或者洞穴大熊在拍击我们的泥巴小屋），于是我们开始为结果焦虑，为我们以为会有危险的事物烦恼。这么说吧，我们预测了恐惧，因此激活了大脑中负责处理恐惧和预感的部位——杏仁体。麻烦就是从这时候开始的。有没有阻止这种反应的方法呢？我们能否有意识地避免“不适瘫痪”呢？如果有，它起作用的速度有多快呢？

* * *

大多数人一生中都参加过考试。在我成长的过程中，考试意味着一切。就算你一整年都表现得很棒也没有用，只要考试不达标，你就会觉得人生无望，前途堪忧。你将来入读哪所大学、去哪个学院，都取决于你在考场上的发挥。那真是很难啊！虽然现在学校的课程和测试学生的方法已经改变了，但考试仍然是每一个人所受教育中的一部分。我认为这是正确的做法。在日常生活中，你迟早会遇到顶着巨大的压力，难受至极，却只有很少的时间来表现自己的情况。因此，在年轻的时候就尽可能地了解自己在此种情境下的表现，这很重要。

人们对肾上腺素的反应大不相同，观察这些反应的最佳场所就是考场外。你会发现不同的姿势。有些学生缩肩弓背，抬头望天，大口吸气，似乎在战战兢兢地向考试之神祈祷。与此同时，另一些学生鼓起胸膛，舒展手臂，仿佛准备进行一场大战。事实上，这两种学生都处于肾上腺素的掌控中，只不过，那种掌控对每一个学生来说都略有不同。第一种——那些一副即将走上断头台模样的学生——把考试视为威胁。在这种认知下，他们想的全是各种糟糕的结果：考砸了怎么办？时间不够做完题怎么办？碰上一道从来没有准备过的题怎么办？（听着很耳熟吧？这就是我，几乎整个读书期间都是这样。）可是另一种学生则把考试视为挑战，铆足了劲。他们会害怕，也会摩拳擦掌，准备大干一场。研究人员把他们的状态称为“挑战状态”：各种激素激活了大脑的奖励中心，压制了恐惧。真的，它们豪气万丈地把恐惧浇灭了。这意味着，他们感觉兴奋、精力充沛，与那种要把五脏六腑吐个精光的感觉截然相反。他们的其他反应还有血管和肺部扩大，这使得他们把更多的氧气吸入血液，因此，他们可以在更短的时间内做出更加精明的决定。换句话说，他们的斗志熊熊燃烧，准备应对面前的任何挑战。

现在，我知道你心里在想什么：这肯定与基因有关吧？有些人就是能把高压情境当作挑战；而另一些人，好吧，大部分人，会崩溃。当然，有些人确实从基因上倾向于在压力条件下反应良好。至于其余的人，我们，可以学嘛。我们确实可以学习如何在那种肾上腺素燃烧的情境下表现得更为出色。方法就在这里。感兴趣吗？我觉得，你们可能会感兴趣的。

重构对压力的看法

当人们说“我有压力”的时候，背后的含义通常就是“我做得不好”，而不是“我很兴奋——我的大脑血流量增加了”。这是一个名叫杰里米·贾米森的聪明人得出的结论。他是一名杰出的社会心理学家，来自美国罗切斯特大学。他惯用的手法是重构对压力的看法，以至于他职业生涯的大部分时间都在研究重新标记压力情境的表现结果。

举个例子，在一次学术研究中，那些按照指引积极看待焦虑感的人，血流量平均每分钟增加将近半升。你也许会想：那又怎么样呢？那么充足的血液，基本上就意味着，改变你对某种情境的看法可以增加你体内流动的氧气和能量，而这种变化反过来能让你更平静、表现得更出色。世界上顶尖的运动员们在很早以前就知晓了这一点。

恐惧和金牌运动员

维多利亚·彭德尔顿不是畏首畏尾的人。她不可能是。毕竟，她是英国有史以来最成功的女性运动员之一，曾多次获得世界冠军。她常常被称为史上最有天赋的职业自行车选手之一。她，用个最老土的词来形容，是“国家宝藏”，是一位将生命奉献给运动，并带着我们一同前行的女子。

2012年，她从运动场上退役。世人以为她将就此谢幕，以为她会像许多运动员前辈一样坐上运动评论员的沙发——如同一匹光荣退役后在牧场养老的骏马。那不是挺安逸的吗？再也没有残酷的训练，无须遵循严苛的定制餐单，不会有大赛前的媒体骚扰和对自己表现如何的焦虑。你当然可以那样做，前提是你并非维多利亚·彭德尔顿。因为，在2015年，她又准备参加另一项挑战了。当时她退役还不满4年，即将度过34岁生日。她涉足过轻娱乐，参与了《舞动奇迹》（*Strictly Come Dancing*）①。她做过商业代言，拍了无数的广告，包括潘婷、霍维斯面包以及各种畅销的彭德尔顿单车。她也做过少量的运动评论工作。然后，某一天早晨，当她正在等待登上一架飞往新西兰的飞机时，一份被她描述为“最古怪、最鲁莽的建议书”发到了她的收件箱。那是一个挑战，来自一个在线出版商，邀请彭德尔顿参加在2016年切尔滕纳姆赛马节期间举办的一场猎狐竞逐赛。

切尔滕纳姆赛马节是一场盛会，是世界上规模最大、最受推崇的赛马节日之一。猎狐竞逐赛在赛马节的最后一天举行，是越野障碍赛，全长3英里，包含22个不同的障碍。赛程惊险万分，对选手和观众来说都一样刺激。

彭德尔顿看了看日期，比赛在13个月之后举行。不仅如此，彭德尔顿这辈子从来没有骑过马。此外，还有很多别的事情需要考虑。赛马的世界很艰苦，而且通常是封闭的，新手很少会受到欢迎。她要走上最受公众瞩目的舞台之一，与国内最有经验的骑师们比拼。失败的风险很大，危及生命的受伤风险更大。这要求她备鞍、上马，闯入不适区。

彭德尔顿请求身边的亲友发表意见。大部分人的反应是“疯掉了”，要不然就是“那是非常危险的比赛”“你这个年纪的人不适合学骑马”，一位经验丰富的骑师说她“尤其不适合去参加赛

① 《舞动奇迹》：英国深受观众欢迎的电视舞蹈大赛真人秀节目。

马”。可是话说回来，在彭德尔顿的职业生涯中，她一直都在与概率对抗。她出生于贝德福德郡，那是距离伦敦60英里之外的一个不起眼的宁静小郡。刚出道的她，身材纤细，年轻貌美。她说，自己在赛场上从来没有引起过其他选手的重视。有人说她的“身形不合适”，缺乏举重运动员的那种魁梧。因为凯林赛要求在单车赛道上全速骑行8圈，所以很多人相信，对这样的比赛来说举重运动员的身形必不可少。另一些人说，她太“女孩子气”，因为她喜欢衣着打扮和化妆，只要不在赛道上，她就会披散长发。很多人都相信，她不是一个真正强劲的运动员应有的样子。然而……

在一个冰冷的早晨，她开车到离家不远的赛马场去见专家。她站在迷雾中，只能看到眼前一臂之内的距离。这时，她听到了赛马的声音：6匹马，沿着赛道飞奔而来，马蹄敲得大地微微颤动。然后，它们终于出现了，突破晨雾，仿佛出自马奈的画作。

“马匹朝你疾驰而来的那种声响非常刺激，令你心跳加速，肾上腺素飙升，颈后毛发倒竖。”她告诉我，“我熟悉那种感觉，我不讨厌它。那个地方给我的感受非常舒适。毕竟，我需要那种刺激，使身心保持最佳状态。”

几个星期后，她签字了。

她为什么要这样做？多年以来，她参加过一场又一场比赛，一次又一次地强迫自己深入不适区，为什么现在要选择重来一遍，还是通过一种几乎完全不认识、不了解的运动？因为她知道，泰然面对困难是一件轻而易举的事情。彭德尔顿一辈子都在竞赛，她熟悉那种大赛前被紧张吞噬的感觉，了解自己心脏跳动的节奏，明白那种“紧张”只是成功过程的一部分。

“坦白说，小时候的我觉得比赛不好玩，很难受，”她对我说，“到了现在，因为我极度渴望在职业生涯中取得成功，所以有时候，比赛简直就是一种伤害。不过，凡是比赛，一定会有那些感受。你需要它们，你想要感受它们，那是一种自然的本能。你的身体做出那些反应是为了照顾你。你无法控制，它们肯定会发生。你只需要更加深入地理解并熟悉它们就可以了。”

换句话说，你必须学习如何习惯不适，否则你就会走上“不适瘫痪”之路。这种学习包括改变看法，相信那些感受是有益的，不会削弱你。“我认为你必须‘重构它们’，因为要是你害怕了，就会屈服，就会大部分时间处于呆滞状态。在运动场上，比赛是按照预定时间开始的，你必须站在起跑线上。开赛前的几分钟，我的思绪会疯狂乱转，我的心脏跳得快要冲破我的胸膛，所以我总是在努力减慢心跳速度。我会努力想：冷静。我会感受那种狂乱，接受一个事实：你需要它。你需要那种刺激，以便获得敏捷的反应速度和优秀的决策能力。所以你应该这样想：‘来吧，我准备好了。’而不是：‘上帝呀，我要上厕所。我很慌乱，我的心脏快要蹦出嗓子眼了。我的胃里好像有千万只蚂蚁，随时要呕吐。’不行的。你要认可那些感受。你认可它们，并且接受它们。你要承认自己需要它们。”

彭德尔顿和很多世界级运动员一样，拥有我所说的“不适认可”能力，并且运用得炉火纯青。她像陈述自己的名字、年龄和生日一般，一口气说出大部分人在不适区中体会到的所有感受。她能描述皮肤刺麻、心跳加速以及所有蜂拥而来的差点儿让她出洋相的经历。

通过理解身体将会如何反应（当然还要反复地体验这些感受），她从来没有遭遇过猝不及防的发作。我们只有陷入困境、被井喷的肾上腺素如同大浪扑向冲浪客似的击中之后，才会呆住。我们只有在那种情况下才会“瘫痪”，那是丹尼尔·戴-刘易斯经历过的时刻，那是“不适瘫痪”弥漫的时刻。

进入“挑战状态”

还记得那些即将走进考场准备接受挑战的学生吗？那就是你在下一次重大会议、演说或其他任何你害怕的活动之前所应该保持的状态。运动心理学家称之为“挑战状态”。那正是彭德尔顿所描述的比赛前那种“我们上吧”的心态。可是，你要怎样进入那种状态呢？

运动心理学家说，为了进入“挑战状态”，你要做三件事：一、你要感觉自己能掌控局面；二、自信（没什么大不了的）；三、确定做法的侧重点（换句话说，你的目标是要竭尽全力，还是只要别做得最差就行）。

想到才能做到

有些人说，你要看到，才能做到。我会更进一步地说，你要想到，才能做到。伟大的领袖和演员也了解这一点，所以他们使用展望的方法来帮助自己通过最艰难的挑战。他们早在发生之前，就想象成功之后的结果会是什么模样。我把这种做法称为蒙太奇——有点儿像在你的脑海中播放一小段最精彩时刻的视频。（我们大多数人一生中总会在某个时刻对某个迷恋的对象进行过这种幻想。你明白的，就是在脑海里把所有美好的时刻都播放一遍，真正与对方约会的时候会觉得实际情况相当令人失望。）

假设，你准备参加一场面试，想象一下成功的面试是什么样子的。也许你会走进门，露出微笑，在正确的位置坐下，顺利完成自我介绍的部分，面对面试官刁钻的问题也能对答如流。当你准备离开时，他们望着你的眼睛，握着你的手说："我们会保持联系。"他们的态度是那么真挚，简直像是恳求你当天就过来为他们工作似的。

当然，大部分人并不会做这种展望。我们尽管确实会做"蒙太奇"，却是以一种截然不同的方式："否定"一切。当我们对前面假设的面试进行预想时，我们只能想到所有可能发生的倒霉事。我们想象自己进门的时候会绊倒，坐错位置，遇到棘手的问题时会陷入"不适瘫痪"，离开房间时感觉后续跟进的希望渺茫，因为我们从进门那一刻到出门之前，全搞砸了。

“蒙太奇”的力量十分强大，所以在脑海里想象灾难的结局会加剧我们的肾上腺素反应。所有即将犯下的错误在大脑里上演，导致心跳更快、手心更湿，反过来，又使我们更加慌乱，再反过来，让我们凝固在当场，基本上就是搞砸了。为什么？因为你用来设想未来（悲剧）结局的那部分大脑会产生压力反应，而那种反应会促使你全身瘫软，更重要的是，意味着你在那一刻无法做事了。

不过，解决方法是有的，而且比你想象的简单多了。你只需要往好的方面想象，身体的反应就会改变。

以韦恩·鲁尼为例。这位曼彻斯特联足球俱乐部的前任球员在每场比赛前，都会跟俱乐部的装备管理员打听第二天球队穿什么颜色的衣服。为什么？因为这能帮助他“展望”。加入展望技巧中的每一个额外细节都能影响他的表现。“比赛前的晚上，我躺在床上，想象自己进球的情景，想象自己发挥出色，”他在一次采访中说道，“你要努力把自己置身于比赛的时刻，尽量做好准备……在比赛前就存下一个记忆。”鲁尼承认，他一辈子都在这样做，即使在孩童时也不例外。这种做法也许出自这位年轻球员的本能，也正是运动心理学家和教练们多年来一直在教给学员的方法。

金牌女子七项全能运动员杰西卡·恩尼斯–希尔说，她会在大型锦标赛前夕把自己使用的技巧在脑子里过一遍，希望有助于实际的表现。大家知道，温布尔登网球锦标赛的冠军安迪·穆雷会跑到空荡荡的中心球场，坐在那里，想象自己将网球打到球网的另一边。英国史上最伟大的英式橄榄球运动员之一乔尼·威尔金森则更进一步，为自己的赛场表现创造一个包含多重感觉的精神意象：“你要创造情景和气氛，还有你的感受，以及早晨听到的叫醒铃声和饥饿时胃里的感觉。它能帮助你的身体习惯在压力下工作。”

研究发现，生动的意象不仅能帮你做好准备，还能影响你的发挥。我知道，这话听着像是某种诡异的巫术。可是，光是想象自己在某种场景下取得成功，就已经能对结果产生显著的影响了。当然，单凭想象自己考试得到高分或者练出六块腹肌是不够的——你仍然需要付出努力。话虽如此，俄亥俄州的克利夫兰诊所做过的一项研究表明，那些想象自己连续两周、每周5次地练习肱二头肌弯举的人，他们的力量增加了13%。所以，放胆想象吧！

展望自己在某个情境中的精彩表现，可以促使肌肉中的神经活跃起来；创造某种精神蓝图，让你的身体照图工作，完全有可能促成更优秀的表现。

那么，你怎么才能做到呢？正如你从前面提过的那些例子里看到的，关键在于细节。想象你是一名电影导演，你的工作是为自己创造尽量真实的精神蒙太奇，你会怎么做？你如何铺设多个图层，制作成一幅开足马力大干一场的画像，那么逼真，那么精确，以至于到了实际操作的时候，你能够掌控全场？

（1）布置场景

首先，想象场景。这一步大多数人都能做到。比如，假设你要去面试，那就想象办公大楼会是什么样子。如今有了谷歌地图，大多数人只要选中任何一座建筑，几乎都能得到它的照片，精准得吓人。它位于什么地区？在哪条街上？去看看街景吧！将谷歌地图的小黄人拉到那条街上，模拟逛街。看看四周的建筑、街道的宽窄、车辆的多少。当然了，你还可以像安迪·穆雷那样，亲自到那栋大楼外转一转。但我不会建议你那样做。因为，去工作的大楼外面游荡，会引发不必要的误会。

继续把你想到的细节加进去吧。你打算穿什么衣服、什么鞋子？那天早晨，你会做什么发型？这些也许不会立刻出现在你的脑海中，所以我会建议你尽早开始，差不多刚刚在日程表上记下面试安排的时候就可以开始了，然后一直想象。你会发现，这种想象非常好玩。

（2）构筑氛围

接下来，你要创造各种感官体验。你当然可以采用完整的体验式表演方法，包括猜想你在前往上述面试地点的途中会闻到什么气味，听到哪些噪声。在这一步，你必须深挖自己的想象力。我总是参考自己的过往经验。首先尝试想象办公室地毯的颜色（揭秘一下：几乎都是灰色或者医院外套的那种蓝色）。然后尝试绘制布景，附上噪声。如果有饮水机（肯定有饮水机），想象接待员接水的时候，它发出的汩汩声，以及接待员把这杯水递给你的情景。顺便一提，就算你不渴或者担心它会害你上厕所，你也一定要接过那杯水，因为它能将你的音调降低至少一个音阶。如果你在这一步遇到困难，那么尝试把目标确定为至少5种相关的感官体验。再少的话，我担心你无法构建一幅真实的画面。

（3）开始演出

这一步是乔尼·威尔金森的看家本领，而且有些人做起来会比另一些人更轻松。有时候，光是想到那件事情都能触发神经系统的反应。当你设想自己坐在未来老板的跟前，活像Nando's[①]烧烤架上的鸡大腿时，你可能会发现自己的胃翻腾起来，呼吸变得急促了。这样很好，因为你可以想办法应对。

放慢呼吸，开始数数，越数越慢，让你的呼吸跟随数数的节奏。这应该能让你的心脏停止敲鼓模式，还能帮助你的胃放松下来。

（4）编写剧本

对于某些人来说，写下来会有所帮助。所以，放飞想象的翅膀，编写你自己的剧本吧。对了，我说的是用古老的纸和笔哦。还记得那些东西吗？研究表明，写字这种简单的活动（而不是在手机或者笔记本电脑上打字）有助于加深记忆。这也是阅读纸质书比阅读电子书更投入、更能记住故事梗概的原因之一。它还能解释

---

① Nando's：英国的烤鸡店。

为何数年以来，纸质书的销量出现了回升，而电子书的销量开始下降。你用不着写成《战争与和平》那样的巨著，只需要把你的目标拆成几大块，把你估计自己在那一天可能会遇到的困难部分写在纸上即可。

* * *

有一点要记住：制作蒙太奇时，你要对自己诚实。我知道这话听着像是从Instagram[①]上抄来的某种肤浅空话，但我是认真的。假如你的嗓音本来尖细柔和，那么想象自己突然能用深沉低音说话毫无意义；假如你的性格安静，偏于内敛，那么想象自己迈着唐·德雷珀[②]那种夸张的大步闯进房间，同样没有意义。把自己修饰成面目全非的样子，最终会自讨苦吃。所以，制作一个忠于真实自我的蒙太奇吧，只有这样，你才能在那一天演出成功。

蒙太奇对你有什么好处？它是引导你在面对困难情境时避免“不适瘫痪”，进入“挑战状态”的最可靠方法。记住运动心理学家说过的话，进入挑战状态需要三件事：控制、积极和自信。蒙太奇能够帮助你实现这三件事。一个已经一遍又一遍地预演过（即使只是在脑海里）的清晰计划能够自然而然地帮助你产生掌控场面

① Instagram：非官方译为“照片墙”，是一款分享照片的移动端社交应用。
② 唐·德雷珀：电视剧《广告狂人》中的主角。

的感觉。然后，头脑里那个“好结果”可能会是什么模样的精神意象，能给你一个积极的侧重点。

至于自信嘛……这是一个让人难以捉摸的老问题。事实上，劝一个人“必须相信自己”是一件非常困难的事情。谁不喜欢自信呢？如果真有某种简单的技巧或者贴士能让我们直接获得它，谁不想要呢？按照我的经验，自信是伴随实践而来的：通过体验过程以及你害怕的那些结果，你的自信会渐渐浮出水面。

我们回过头来再说彭德尔顿。她进行了数月的练习，承受了数月来自媒体和赛马界的压力，经受了数次坠马险情（偶尔几次真的摔下去了），然后，当她的重大日子终于来临时，她已经准备妥当。她已经做好了闯入新的不适区的准备。她将观众屏蔽，清醒地意识到自己这回驾驭的是一头450千克重的动物，而不是7千克重的自行车。她深呼吸，聆听身体的声音。她意识到加速的心跳是过程中的一部分，而不是麻烦。她的身子紧贴马背，想象自己冲线的英姿。她坦然接受一切纯粹的难受感觉。她不仅已经准备妥当，还十分兴奋。结果呢？她得了第五名。她说这也许是她此生最大的成就。

Chapter 2 >>>
障碍幻象

遇到障碍时，你不一定要停下来。如果你遇到一堵墙，别转身放弃，要想出爬上去、穿过去或者绕过去的方法。

面对障碍时，常见的几种思维

我来跟你讲讲，以前的我曾经多么喜欢舒适吧。我是那种典型的中间孩子：安静，极度低调，前头有兄姐们的各种失败和边界测试做挡箭牌，后面有小弟弟帮我接住所有的过度宠爱。作为家里4个孩子中的第三个，我可以躲过雷达的侦测，仿佛被包裹在一张舒服的大毛毯中，不需要辛辛苦苦地刷存在感。

我的姐姐在学校很受欢迎，意味着我可以免受各种敲诈和欺凌。我的哥哥是个文化狂人，意味着我对电影、音乐和书籍的品位都是他给的，就像把装在托盘里的糖果塞过来一般，不许提问题，只需全部吞下，并且回应每一颗糖果都很好吃。我高兴地吃光了。5年后，我的姐姐从曼彻斯特南下，搬到伦敦，我像小狗似的跟了过去。我跟她穿一样的衣服，模仿她的说话方式，结交同样的朋友，或者我应该说在她结交的那群朋友旁边晃悠。基本上说，我生命的前18年过得如此安逸，栖息在其他人为我搭建好的世界里，以至于当我结束青少年时代时，我完全不知道自己是谁，更不知道自己能成为谁。于是，在我21岁生日的前夜，我做了一件极端的事情：搬去法国巴黎。

真相是，我已经厌倦了“某人的小妹妹”的角色。那曾经是一种带领我进入社会交际的轻松而舒适的方式，如今却成了难受的负担。十三四岁的时候，甚至16岁时，被人介绍成某人的小妹妹，我感觉自己很可爱。可是到了18岁的时候，我感觉自己像个巨婴，被笼罩在姐姐那光彩的魅力之下。人们以为我俩一样，就连我自己都是这么想的。派对上，亲善的长辈会停下脚步跟我聊天，却相当失望地发现，我除了效仿姐姐的意见和做派，没什么主见。

我恍然大悟：我必须找到真正的自我。可是，这条路很吓人。万一我不喜欢自己怎么办？万一我喜欢的东西和我这辈子都以为是自己品位的那些截然不同呢？万一这么多年来，我所经历的一切都不适合“真正的”我呢？我断定，要想找到这些问题的答案，最快、最好的方法就是搬到另一座语言不同、没有一个亲友的城市。倒不是因为我分外英勇，而是因为我格外急切地想在尽可能短的时间内找到真实的自我。还有一个理由是，我看过很多法语电影。

我记得，我只带着一个黑色旅行箱，乘坐欧洲之星列车，在上午9点7分抵达巴黎北站。我带的钱很少，没有住处。我找了一份工作，在巴黎最乱的街区之一教英语。我掏出一个小塑料袋，里面装有七拼八凑来的少量法郎，然后尝试用练习了好几周的一句法语去买一张地铁票。虽然没人能听得懂，但我还是买到了票。然后，我前往巴黎中心的青年旅社。那地方散发着老旧的煮肥肉气味和浓重熏人的脏腋窝气味。房东以法国人特有的方式——嘴里咕哝一声，手指模糊地指向房子后面的一个方向——递给我一把房间钥匙。我转动钥匙，打开门，房间并非想象中那种贴着花朵墙纸的精致阁楼，而是四四方方的盒子形状，单间，刷成鲜明的肉粉色，摆了一张双层床，上面睡着一个性别、国籍都不甚明了的人。

我将行李箱放在床上，坐下，呆看着地板。我需要舒适感。我去找零钱包，想给妈妈打电话，却没找到。我不知道在法国怎样拨打被叫方付费的电话，因为我从来没有打过这种电话。于是，我傻傻地坐着，双颊滚烫，强忍着放声痛哭的冲动，因为我的头上有一个完全陌生的人在打呼噜，当然不能哭了。我遇到了障碍，我踏入不适区，却没有路线图可循。在那一刻，我有两个选择：留在巴黎，迎难而上；绕道而行，逃回英格兰的家中。

我选择了留下。那一年我过得并不轻松，却是一段成长和挑战的神奇时光，我对自己的了解增加了很多。原来，我可以控制一整间坐满30个叛逆青少年的教室（领导能力在最奇怪的地方冒出头来）。而且，我比自己想象的坚强多了。孤零零地生活在异国他乡，凭着少得吓人的当地语言的词汇量，我学会了独自一人跑去参加陌生派对的妙招：拿一杯饮料后直奔厨房，因为最友善或最离群的人总是聚集在那里。那是重塑自我的12个月。通过接纳由处境产生的种种不适，将困难当作发展的机会而非障碍，我得到了奖赏：透彻地理解了自己是谁，有何能力。

* * *

你小时候读过相当多的童话故事，对吧？《小红帽》《白雪公主和七个小矮人》《三只小猪》。你会发现，它们全都遵循着一条类似的发展路线：生活本来很幸福、很简单，直到有一天，可怕的大灰狼/女巫/怪物改变了一切。呃，狼有点儿像障碍。当然了，现实生活没有那么戏剧化，但基本上是同样的意思：一个很困难、很吓人的路障拦在我们与目的地之间。障碍之所以困难，是因为它在意料之外，所以造成了惊吓，促使我们的身体释放大量的皮质醇。我们的恐慌多数是因为没有应对那种状况的现成计划，于是，大脑就开始呐喊："噢，上帝啊！红色警报！挡在我路上的那东西是什么鬼！"

在不适区中，遍布障碍，有些很小，有些很大，但几乎全部是对你处理困难的能力的测试。面对障碍时，每一个人的反应都不一样。有些人会尖叫；有些人会冲过去；还有一些人则站在原地不动，直到想出绕道的方法，如果不成功，就逃走，结果过几年再次遇上同一个障碍。我把这些反应称为"障碍思维"，因为它确实就是一种思维模式。如果你不确定自己属于哪一种，就让我跟你说一说最常见的那几种吧。

障碍逃避者：前进道路不能让你取得突破

这是面对障碍时的常见反应。事实上，我自己一生中也多次做过这种事，而且我现在就能告诉你：这种做法会造成灾难性的后果——不会马上呈现，但最终都会发生。这样处理障碍，会让你在麻烦的泥潭中越陷越深。

给你举一个我认识的人的例子。读大学的时候，艾米丽想做编剧，而且她的起步比多数人好很多。刚从学校毕业，她就得到了几个实习机会，和几位在国内受人尊敬的著名作家一起工作。当然，她的薪水微薄，工作时间很长，但做编剧是她一直向往的事情，是她满怀的热情所在！还是小女孩的时候，她就会给自己的芭比娃娃剧团写剧本。那是她的梦想。在她的内心深处，她觉得自己“命中注定”是个剧作家。

有一天，她实习的写作团队出现了一份全职工作的空缺，她要和另外三个实习生一起竞争。她写了一份申请，用她自己的话来形容，写得“妙笔生花”。可是你猜怎么着？她落选了。更糟糕的是，她的实习期满了，她不得不离开那个写作团队。她花费一个月的时间，到处打电话给她在编剧界认识的少数几个朋友。没有人能为她提供工作，她遭遇了一个障碍。那么，她是怎么做的？她哭，哭完就生气。她抱怨自己选择的行业无法发挥她的才能，无法给她一份工作。然后她做了一件最疯狂的事：决定再也不做编剧了。“竞争太大，”她说，“工资很糟糕。”而且，做这行的人“没那么聪明嘛”。她决定到新闻业去练练手，“前途好多了”。

于是，她重新开始。她找到一份实习工作，过了几个月，在一家不错的小杂志社得到了一份初级作家的工作。其实，那份工作的薪水也没高多少，不过她每隔几个月就能发表一些文章，而且有机会采访各种聪明、有趣的人。然而过了一段日子，她就厌倦了那份杂志。她想写大专栏，想采访名人。她的老板说，她还没准备好。于是，你猜她是怎么做的？她抱怨老板不够“鼓舞人心”，那份工作“妨碍”了她的发展。上班9个月以后，她辞职了。

“无所谓。”她对自己和所有认识的人说。她要开始经营博客。既然她是自己的老板，那么她就可以在任何时间写任何文章了，况且，她听说博主只需写少量文章就能获得不菲的收入。但是，她的博客和许多其他博客一样，赚不到钱。于是，她抱怨时机不对：她加入博客的时间太晚了，日近黄昏，市场已经饱和。不不不，聪明人都玩YouTube①去了。于是，她建了一个YouTube频道。然而，那里需要大量的编辑、大量的拍摄。所以，你知道结果了吧……她最终还是放弃了。

我上一次见到她时，她在Instagram上建了一个漂亮的页面，正在努力把自己打造成“网红”。她听说，各大品牌会给网红支付数千英镑，引导粉丝喜爱他们的产品。但我没有跟她说穿：她至少需要10万以上的粉丝，才会收到她“心仪的”那个蛋白质产品品牌的电话。反正，等到那时候，世界的目光可能已经转移到另外一件事物上了。

艾米丽就是我所说的障碍逃避者。她不愿意接纳艰难情境下的

---

① YouTube：非官方译为“油管”，是一个视频网站，用户可下载、观看及分享影片或短片。

难受，以为自己凭着智慧战胜了它。她不需要理会编剧行业的微薄薪资或者经常被拒的苦涩，因为她彻底离开那一行了。她也不需要忍受脾气糟糕、野心勃勃的杂志社老板，因为她可以拂袖而去，自己当自家博客的老板。而视频编辑是那么困难和辛苦，回报却那么微小……到Instagram上建立自己的“商标”只需要花哨的滤镜和出色的手机镜头即可，聪明多了。

她以为自己“破解”了系统，实际上她离自己的目标和雄心越来越远了。你想去某个目的地，而障碍是路上的一个偏差，它也许意味着你要改变方向，但绝对不是要你改变整条路线。艾米丽一次又一次的做法是完全改变路线，走上新路（彻底改行），短暂地躲避旧路上的障碍带来的难受感。

也许她以为这样做很棒，因为她再也不需要与伴随障碍而来的焦虑和沮丧打交道了。仿佛施了魔法似的，它们全部消失了！然而她这样做其实创造出一个更难对付的障碍。她走了那么多条新的平行道路，全都是在往旁边躲，而不是向前突破，结果她完全迷失了方向。在外游荡太久之后，再想找到回去的路难比登天，而且经受的痛苦和焦虑将远远超出最早遇到障碍时的痛苦和焦虑。

障碍指责者：错在障碍，而不是自己的局限

人类天生不太喜欢障碍的另一个原因是：它们会揭开我们的

真面目，却并不总是露出优点。它们挑战我们的极限，有时逼着我们面对弱点，经常要我们失败。如果你是一个自尊心超强的人，它们就会带来问题了。（顺便说明一下，这里所说的并非健康的自尊心，而是近乎自恋的那一种。你和我都认识这种人吧？）想象一下：你心目中的自己全是光彩照人的形象，从来没有跟失败接近过。你的人生一帆风顺。然后，等等，这是什么玩意儿？一个障碍？需要奋斗才能通过？我会感觉非常难受？见鬼去吧！

常见的情况是，这些人将自己的失败怪罪在障碍的头上。相比内省并接受自己的失败或局限，推卸责任轻松多了。事实上，有些人会更进一步，在障碍的前面再添障碍（我知道这话听起来有点绕）。为什么？因为，假如你在一个大障碍的前面放一个小障碍，就永远无须与真正的困难进行对决了。这是一种经典的自掘坟墓的行为。也许你自己也做过，只是规模很小。我的一些前任同事就做过这样的事，每次我想把大项目交给他们时，他们就会找出一堆小障碍：什么PowerPoint[①]的版本不对啦，没有足够的人手帮忙啦，没有足够的信息能让他们正确地完成项目啦……这样一来，他们永远无须面对真正的障碍——完成交给他们的大项目。留意一下吧，很多人都会这样做。我甚至不确定，做这种事的人是否理解自己在干什么。我只能告诉你，这种行为最终会让他们自食其果。

所有障碍指责者的共同点是，认为错误在于障碍，而不是他们

---

① PowerPoint：是微软公司的演示文稿软件。

自己以及自身的局限。那样的活法其实并不糟糕，它意味着一辈子都感觉自己很优秀、很有才。这主要是由于他们从来没有接受过对那些自我印象发起挑战的任务。它的缺点在于：永远无法进步。于是他们开始愤怒、沮丧。如果他们真的是自己所想的那种人，为何会原地踏步呢？为什么其他人能得到各种机会，而他们没有呢？为什么朋友得到提拔，而他们还做着同样琐碎的工作呢？为什么没有人认为他们是聪明、能干、非常值得任用的人呢？

他们从来没有真正地挑战过自己。如果有的话（障碍就是命运赠送这些挑战机会的方式），他们也许就会对自己的真实状况有了更切合实际的认知，而这种认知是闯荡世界的关键。顺便一提，大多数人永远无法真正了解“完整的自我”，因为他们太害怕，不愿正视自己的弱点。这些人会回顾自己的一生，告诉自己说，无法实现本来可以达成的目标仅仅是因为他们“欠缺运气”。当然了，这样说可以让他们在人生终点的棺材里面睡得更加安稳，但也意味着，他们从未掌控过自己命运的方向。你不想成为他们吧？

真正成功的人会花费同样的力气去探索自己的力量和弱点（很多人更偏重于后者）。这是因为，一旦他们对自己有了完整的认知，就可以制订一个适合自身所有特点的人生计划。或者，正如这本书后面讨论到的，认清自己的弱点，以做好准备，争取过上他们真心想要的生活。那么，你如何迅速找到自己的弱点呢？你猜对了：你需要障碍，需要困难。

可是，障碍指责者并不是这样看的。他们不愿承担个人责任，而是指责障碍。举个例子，他们遇到了一份确实想要的工作，并且通过了面试的第一关，然后需要为下一关的面试任务做准备。他们很辛苦，可能会在夜里失眠，琢磨自己要怎样做。这是一个打击，因为，如果他们像自己所以为的那么能干，那当然可以轻松搞定吧？于是，接下来，他们可能会做出下面两种行为之一：

1. 放弃面试的第二关。面试要求太高，不合情理。反正那些人设置这样的面试任务，只是为了窃取他们的天才点子罢了。谁想加入这种行事风格的公司呀？看到没：是障碍的错误，它太困难，它不合理，它不公平。脑子里全是这种念头，而不是："真难啊，这回我真得竭尽所能了。""这事要费很多工夫，但这是一个对我的奉献精神的测试。""是的，那些人有可能偷走我的创意，不过，更有可能的是，他们会因为我想到了如此出色的概念而录用我。就算我得不到这份工作，他们也有可能记住我，下次想起我来。"你会明白这意思的。

2. 确实把面试任务做完了，却得不到这份工作。他们不去寻找问题所在，而是指责交给自己的任务：它"不可能完成"，或者"不是我的长项"。或者更糟糕的，他们说服自己相信，它是如此不切实际，以至于他们仅仅投入了一半的努力。所以嘛，没有被录用其实也是意料之中的事。

指责障碍很容易，也很致命。与一辈子都在水平移动的障碍逃避者不同，障碍指责者原地不动。有时候，他们甚至会倒退，因为他们缺乏自知之明，也不去反思，随着时间的流逝，他们会变得垂头丧气、愤世嫉俗，最终中途退场。我们都认识这样一些人，他们念叨着，如果老板更“优秀”或者人脉更宽广，他们“本来”是可以成功的。这本书不会容许你变成这样的人。

障碍放大者：彻底放弃

呃，对于这一类人，我不会太生气。为什么？因为我们所有人在一生中都曾经做过这种事。事实上，就算你正在以媲美赫布里底群岛上那些山羊的技巧和灵敏攀登着障碍重重的大山，心底仍然有可能留着一个障碍放大者的残影。它的感觉是：好害怕啊。它看到障碍，受了惊吓。这反应很自然，尽管我们已经讨论过如何将这种恐惧转化为挑战和兴奋，但障碍是一片广阔的未知领域，仍然十分吓人。不过，恐惧也分类型：有些恐惧可以加以利用，转化为正能量，最终产生回报；有些恐惧则会压垮你。困住障碍放大者的就是后者。他们非常害怕面前的困难，以至于不仅放弃了整条路，还让障碍影响日后他们所做的任何事情。

我参加工作的早期就经历过这种情况。在成为记者之前，我是一个上门推销员。我的工作职责是为一款新上市饮料做媒体宣传，并协助市场营销，其实就是把一箱箱奥地利发酵冷饮卖给百货公司和酒吧。那是在2001年，当时大多数人认为发酵就是把鸡蛋三明治忘在学校书包里之后会发生的事情（讽刺的是，如今发酵饮料是各种时髦酒吧里最受欢迎的饮品）。但我仍然每天早晨出发，带着一个装满玻璃瓶的沉重箱子和一张与伦敦各地买家约好的见面安排清单。有一天，我的单子上总共列了15次约见，地点散布在城中各处。其中的7次，我压根儿就没有见着人，因为买家不在附近，要不然就是他们忘了，或者“太忙”。最后一个买家让我等了一个多小时，然后，我听见他们在说：“能不能找个人过去看看那个女孩卖的那些奇怪饮料啊。”结果，见面两分钟就结束了。对方是一位在餐饮部工作的波兰女子，虽然长得很漂亮，但她对我说的话大概只听懂了17%。

那是一次相当讨厌的经历，对于22岁的我来说，那就是一切。我把它灾难化了，放大到第二个星期就递交辞职申请的地步。我不仅告诉自己，我没法把那些发酵健康饮料卖出去，还说服自己相信，我不是销售员的料子，干脆就放弃吧。我将那一天以及自己没有卖出任何饮料的事实放大到发誓以后永远都不再涉足任何形式的销售的程度。我确实做到了。甚至是在最近，每当工作中有任何与销售相关的部分，我都想逃避。那一个倒霉日子投下的阴影笼罩了一切，持续了很多年。我很确定，自己因此错过了一些相当难得的机会。

无论你的恐惧是哪一类（很可能我们每一个人都数者兼有），为了成长，你都必须跨越障碍。为此，你既可以选择困难的方法，即直接上前搏杀，也可以选择其他方法。有兴趣吗？我猜你有的……

* * *

“遇到障碍时，你不一定要停步。你如果遇到一堵墙，别转身放弃，要想出爬上去、穿过去或者绕过去的方法。”这是篮球明星迈克尔·乔丹说过的话。他是美国历史上最成功的运动员之一，也是运动界的诗人（真的，给他的名字打上双引号，输入谷歌搜索框，整个搜索引擎便会随着振奋人心的十四行诗亮起来）。若你拥有顶尖运动员的那种心智与体格——决心与坚韧都根植于其基因之中——那么，穿墙或者翻墙都是好办法。可是其他人呢？我们可以微调。

遇到障碍，微调目标

我们已经确定，遇到障碍时不能做的事情包括：不能转向、不能放弃目标、不能被恐惧压垮。你要想办法解决眼前的困难。

这正是埃里克·安德伍德的做法。顺便说一下，埃里克是21世纪最伟大的独舞者之一。纽约的美国芭蕾舞剧院以及伦敦的皇家芭蕾舞团，都曾经与他有过演出合作。他恰巧还是第一位黑人独舞者。现在看到的埃里克，并不像一个在人生路上遇到过很多障碍的人。作为同时代最成功的舞者，他的舞蹈生涯漫长而丰富多彩。而且，自从2017年离开皇家芭蕾舞团，他在时尚模特方面取得了同样的成功，曾和凯特·摩丝一起登上意大利版的《时尚》（*Vogue*）杂志封面。不过，当被问及障碍方面的经历时，他会告诉你：是障碍成就了今天的他。

埃里克的母亲一直都知道，她的小儿子命中注定要成大器。倒不是说，小埃里克流露过任何演艺天赋，或者舞蹈方面的天资（虽然每逢周六晚上，当她播放艾尔·格林和马文·盖伊的黑胶唱片时，那孩子确实能蹦跶几下）。不是的。她之所以认定儿子埃里克必有成就，是因为她即将把一个余生都能用得上的秘诀传授给他。她要向儿子展示一个在人生中取得成功的道理：当你遇到障碍时，永远都能找到绕过它的办法。

这很重要，因为安德伍德家总是风波不断。埃里克在华盛顿特区边缘一个混乱的街区里长大。那个地方黑帮横行，枪声和警笛声刺穿着每一个傍晚的空气。

即使到了夜里，枪声和警笛声也不会消停。有一天晚上，一位年轻的警官来到安德伍德家门前，说有一个男人在他们居住的公寓楼外遇害了，问他们有没有看见什么可疑情况。埃里克的母亲摇摇头。不论过去还是将来，她都会竭尽全力地确保家人不受门外混乱状况的影响。每逢周末，她都会用经典歌曲来掩盖外面的警笛声，并且把家具统统推到墙边，为孩子们腾出一个舞池。要是外面的枪声太大，她就把孩子们带到自己位于公寓后部的房间，让他们紧贴地板躺着不动。埃里克出生的这个罪恶街区，本身就是一个巨大的障碍，但安德伍德太太不会容许它妨碍孩子们走向各自的目标。

距离他们家不远处的一所表演艺术学校，成了小埃里克走向世界的门票。他性格活泼，想象力丰富。在家里，他总是在组织时装秀，要不然就是表演自己写的业余戏剧。于是他的母亲想到了一个主意：一定要让埃里克进入艺术学校，而不是马路另一头那家条件很差的公立学校。她带着儿子大步走进当地的图书馆，找到一本书，书中的主角是一个坐在轮椅上的小男孩。她挑选出一段独白，要求埃里克把每一行字都背得滚瓜烂熟。到艺术学校开始表演面试时，她用一个亲吻、一个微笑和一段祷告，将14岁的埃里克送了过去。

可是，轮到他面试的时候，糟糕的事情发生了：他在面试的半途陷入"不适瘫痪"，大脑一片空白。老师们等待着、等待着，时间仿佛停滞了。然后，埃里克听到了那句饱含着现实中星探们的所有同情的话："我很抱歉，埃里克……这不适合你。"到了这一刻，大部分人会抓起自己的包，强忍泪水，责怪自己（或者，我们诚实一些吧，责怪老师未能看出我们的潜力），重新考虑自己的整个演艺生涯。但是，埃里克不是这样做的。

"我记得，他们刚刚说完'这不适合你'，我就走到了门外，心里想着'好吧，不适合我，那就下一件事吧'。然后，还没等我想完，我就看到几个女孩在练习劈叉，为接下来的舞蹈面试做准备。我当时穿着牛仔短裤，于是，我把裤脚一卷，加入她们的队伍，心里想着，'好吧，那我就试试这个，看看会怎样。如果还是不成，我就去参加画画的面试。有必要的话，我就在这里试上一整天’。”

那一天，埃里克所展示的——也是他在整个舞蹈生涯中所展示的——就是一种面对障碍时很罕见却很高效的反应。我称之为“障碍盲区”：他没看见它们，只看见穿过或者绕过它们的路。所以，当他看到做着柔韧练习、准备舞蹈面试的小女孩队伍时，他看到了一条通过障碍的路。记住，埃里克的障碍并非加入母亲所希望的表演培训班。他的终极目标并不是要进入表演培训班，而是进入表演艺术学校。于是，他举目四顾（他只花了几分钟，但我们多数人可能会花更长一些时间），并且考虑如何换一个角度来看待这个障碍。而那个新角度，就是通过另一种途径（跳舞）被录用。

14岁的埃里克站在那里，牛仔短裤的裤脚被高高卷到大腿上方，身边全是从3岁就开始拉伸筋骨、学习脚尖旋转的芭蕾舞小姑娘。老师看着站在门口请求面试的纤瘦男孩，说：“很抱歉，这里只接收受过训练的舞者。”又一个障碍立刻就被抛在了他的路上。“于是我望着她说，‘只要您做一次示范，我就能学会’。然后她要我坐到地上，看我能不能劈叉。我猜，大概因为我是唯一的男孩子，所以引起了他们的兴趣吧。她说，‘好吧，来试试。你落后了很多，但我们可以努力一把’。对我来说，这就够了。”

然而，这并不容易。说埃里克“落后了很多”是轻的。他已经14岁了。长这么大，他都没上过正规的舞蹈课程。他知道自己很灵活，仅此而已。上课3周后，有一天，一个女孩对他说：“埃里克，你怎么就不会跳舞呢？”

“我感到沮丧万分，因为我心里想的正是同一个问题。”埃里克告诉我，“老师会说：‘你很灵活，能跳跃，有平衡感。’但我缺乏协调性。我会跳街舞，我能蹦跶，但我就是没那个范儿，不知道该如何摆姿势。”第三个障碍：如何在数月之内补足本该用11年时间练就的技巧。面对一个如此庞大、似乎无法逾越的障碍，怎样才能不崩溃呢?

我问埃里克，他回答：“呃，区别在于，14岁的孩子听到别人说‘这是对的，那是错的’时，很容易就能改过来。因为你很专注，也很明白别人的意思。而3岁的孩子只是在模仿别人的动作，完全不理解自己为什么要做。所以，在理解自己想做什么这方面，我觉得14岁的自己占有优势。”

我们已经确定，障碍是很困难的——这就是重点所在。它们是针对你这块材料的测试。我一直认为，大多数人都比他们自己所以为的更坚强、更能干。问题是，大多数人从未有机会看透这一点，因为他们没有做好准备，没有走上困难重重、布满荆棘的自我发现之路。

就算只是微调，也不容易。它比直接突破障碍容易一些，但仍然会测试你。你必须赋予它积极的意义。以埃里克为例，他的微调就是通过参加舞蹈培训班来进入那所艺术学校。然而，做了微调之后，他仍然面对一个障碍。尽管远远不如未能进入表演培训班那么吓人，但仍然是个障碍。因为，埃里克虽然够资格入校，却比班上其他同学少了大约10年的舞蹈教育。此时此刻，他很可能会变成我们前面列举过的那三种类型的人。他也许会认为新障碍太大，责怪它，然后退出（障碍指责者）。他可能轻易地陷入障碍逃避者的心态，中途决定自己再也不做舞者，甚至不想继续在那个学校读书了。或者，他像障碍放大者一样，被恐惧吞没，无法继续上课。这三种心态都可能导致同一个结果：退学。

但埃里克创造了奇迹。他给障碍赋予积极的意义，从而掌控了它。他意识到，在这么大的年纪才开始学一门像舞蹈这么困难的科目，也是一种福气。说到底，在父母的逼迫下走进芭蕾舞培训班的3岁小宝宝们很少能拥有同样强烈的学习欲望。年长意味着他可以学得更快，更投入。在这种认识的武装下，他不仅为自己建立了一种对抗这个障碍时的舒适感，还为自己建立了一个绕过它的清晰模式。他如果没有完成这一步，就会觉得自己既失败又失控。人们产生这种感觉时，就会陷入前面提到过的那几种心态。

埃里克以一种同学们都做不到的热情投入训练。他感觉自己处于人生中最适合学习的完美时刻，一边吸收新知识，一边练习舞蹈技巧。他练习，没日没夜地练习。每天做完作业之后，他立刻和好朋友玛西亚一起回到自己的卧室，把脚搁在双层床上，请她用尽全力往下压自己的身体，帮助自己彻底拉开筋骨。他一有空闲就会跳舞，一直跳到上床睡觉为止。他能做到这种程度，是因为他相信此时此刻的自己正处于学习的最佳时期。他若没有说服自己，可能就无法把自己逼到这种地步。“我每天睡觉时，要么在拉伸，要么在琢磨舞蹈动作。第二天醒来时，我很兴奋，因为这又是新的一天，又是一个把尚没熟练掌握的动作练得更好的机会。”

跳舞这门艺术，本质上就是一种对障碍接连不断的追求。舞者们在舞蹈生涯的早期就会遇到许多高难度的、仿佛无法跨越的挑战，比如各种脚尖旋转，再比如大跳。这些动作的设计本来就是违背人类肢体天性的，为了完成它们，舞者必须在练习时无所畏惧。所以，埃里克是怎么办到的呢？他会细细回味舞池中每一次失误的跳跃和微小的差错，因为这样做能帮助他看清自己错在哪里。他把这些错误看作机会，而不是失败。（有趣的是，他告诉我，他会把自己未能成功做出的每一个动作都写下来，以便更加清楚地分析原因。）

“学习舞蹈时，你必须对自己非常苛刻。”埃里克说，“头一天，我可能走进舞池，做了一次脚尖旋转，却摔倒了。也许6个月之后，我大概能转一圈半。过了两年，我也许能转四圈。你必须接受一个事实：自己的动作可能永远做不对。出错是一种常态。而且，等到你做对的那一天，它就不再有趣了。”

随着这本书讨论的深入，我们会发现一个规律：在功成名就的人们看来，障碍并非痛苦的剧变，而是畅快的挑战。我向书中被采访过的每一个人提过同一个问题：成功路上的最大“难题”是什么？他们全都觉得很难回答。为什么？是因为他们一生中没有遇到过难题吗？不是的。而是因为，他们从来不会把任何困难视为“难题”或者“障碍”。他们都默认，困难就是通向伟大之路的一部分。

实践中的障碍幻象

明白障碍的背后是什么

有一样东西，如果你对它没有清晰的认识，就这么踏上布满荆棘的道路，那么，你的所有努力都是徒劳的。这样东西就是目标。在你即将面对的（诸多）障碍的背后是什么呢？你要把它想明白，而且非常明确。类似“我要成功”那样的目标太过模糊，你无法据此制订计划，也无法在奔向它的途中进行微调。除非你准确地知道自己要去哪里，否则你的旅途会艰难许多。

1个月之后，1年之后，3年之后……你的目的地在哪里

在有些情况下，决定自己20年后的目的地太难了。有些人很幸运，他们非常明白自己要去哪里，一路上从不偏离方向。可是对于大多数人来说，人生是一个对自己期望的目的地不断探索的过程，而这个地点时常在变。

所以，你要将一生那么长的时间拆分开来，问问自己，在某个特定的时间段里希望达成什么目标。就从眼下的目标开始吧！举个例子，到了下个月的月底，你希望能每天早点儿下班。很好！目前阻碍你这样做的障碍是什么？也许是你每天上班的头一个小时都用来跟同事聊天，而不是埋头干活儿。那就改一下呗，用准备出门或者准备下班回家的间隙去跟她聊天。也许是你把最难搞的工作都留

到临近下班时，结果到你着手去做的时候，却花了两倍的时间。好吧，那就把它挪到工作清单的前面。也许是你对自己承诺，不把工作清单做完就不回家。如果你的工作总是做不完，障碍可能就是你的工作清单太长了。你可以考虑把它缩减到三分之二，看能不能完成。这些全都是微调的措施。我们只有确定自己想要什么之后，才能够考虑它们。知晓目的地之后，我们就能迅速发现挡在路上的障碍。记住，障碍并不总是那么显而易见的。

把时长改成6个月或者1年，重复这个过程。你希望看到自己身处何方？有答案了吗？阻止你到达那里的主要障碍是什么？你会惊讶地发现自己能如此迅速地找到答案。人类的心智在设计小型可控方案的能力方面远远超过大型方案。

完成这一步之后，再增加时长吧。一直重复这个过程，直到你对打算3年之后实现的目标感到心中有数为止。如果你觉得自己能设想更加长远的人生目标，那很棒。但是，3年是一个比较现实的期限。比如，我就没法想象自己10年以后想干吗，但可以真切地想象出3年之后自己可能会过着什么样的生活。

此处我要提醒一句：使用这一套方法的时候，你要努力思考主要障碍是什么。要是你列出一个长长的清单来，那感觉可就太吓人了。它们如同一支小型军队般朝你袭来，而不是一个巨型敌人，这样你可能永远也鼓不起勇气去搞定它们。再说了，大部分小障碍不过是一个主要障碍的掩饰罢了。打个比方，你的雄心是在3年后拥有自己的家。你想到的障碍是："我赚的钱不够多。""我的房租太高，存不下钱。”“眼下我的负债太多。”这些障碍从本质上来说就是同一个障碍：你需要管好自己的钱。你务必看清楚：很多小障碍往往是某个你已经回避了好长一段时间的大障碍的盾牌。

给困难赋予意义

还记得埃里克是如何重新解读他最初的奋斗历程的吗？他是如何说服自己，他比舞蹈班的同学们更有优势，尽管事实上他们受过的训练要比他多很多？他如何相信，在人生中的晚些时候才从零学起，其实是一种福分，因为你的身体与心智都已经准备得更充分了？这就是你接下来要做的事情了。

一旦想好自己的目的地在哪儿，路上必须克服哪些障碍，你就要面对一段崎岖的道路，并且需要走完它。就算是世界上最神奇的书本也无法告诉你，如何将难受的状况变舒适。但我可以告诉你，你可以建立一种帮助自己更加坦然地应对困难的心态。其中的一个方法是，给即将经历的一切赋予积极的意义。你可能会问：“怎么做？”很容易，你需要问自己一个问题：为什么我是此时经历这一切的最佳人选？

这会逼迫你将自己拥有的全部优点都考虑一遍，以便面对即将面临的困难。让我们继续举存钱买房子的例子吧。通常来说，我们会思考为什么选择在人生中的这个时间点去攻克这个难关，这是最糟糕的时机：你赚得不够；你正在拍拖，约会需要花钱；房地产市场疯掉了；诸如此类。

现在反过来想想：为什么这个时间点也可以是最完美的时机？也许是，你还没有养育子女的负担；也许是，你还单身，无须考虑另一半对房子的选择口味；也许是，你还年轻，健康状况处于一生中的巅峰，可以工作更长的时间或者找一份兼职。理由的清单可以一直列下去。要点在于：你要找到奋斗的意义。这样一来，你就能鼓起勇气走进未知的情境中，而不是满怀恐惧。

Chapter 3 >>>
从创伤到胜利

我们会认识一些在生命中经历过且不止一次经历苦难的人。大多数人无法想象的灾祸降临到他们头上，但这却成为一种动力，不仅改变了他们身边的世界，还促使他们成熟起来。

苦难的转化之力

在你生命中的某个时刻，一切突然四分五裂。莫名其妙地，你的人生仿佛被某种力量从缝合线处撕开，再也无法弥补。这种情况已经远非普通的困难可比。它是苦难，但是，假如你能以正确的方式去驾驭它，它也可以转变成这辈子能够碰上的最大机遇之一。

我们会认识一些在生命中经历过且不止一次经历苦难的人。大多数人无法想象的灾祸降临到他们头上，但这却成为一种动力，不仅改变了他们身边的世界，还促使他们成熟起来。这些人在苦难中艰辛地前行，犹如被卷入风暴眼中的渔船。当他们终于脱离苦海时，他们并非以受害者或者幸存者的面目出现，而是化身为英雄，能够理解毁灭性苦难的力量，最终成为能够推动巨大变革的超人。

我所说的“苦难”是什么意思呢？它对每一个人的含义都不一样。可能是失去心爱的人，可能是一次分手，可能是工作上的一次巨大挫折，甚至可能是某种表面上无关紧要（至少在其他人看来）却当众犯下的小错。比如，在一群你喜欢的听众面前说错话或者开错玩笑。重点是，它使你遭受了重创。

创伤型的苦难是无法预知的，是那种凭空冒出来扑向你的类型。落入它的手中，你会觉得失控。在这种情况下，与其说是你闯入了不适区，还不如说是不适区在蹂躏你。你既没有时间做计划，也没有机会仔细思量。这是人生中那种遭受暴击的时刻之一，而你应对它的方式，将决定你是脱胎换骨，还是粉身碎骨。

除非你能把创伤转化成别的东西，否则它是不会自行消失的。暴击过后被置之不理的创伤将阴魂不散，散发出微弱的气息，并且随着时间的推移而越来越严重。它不会因为你努力遗忘而消失。相反，它会恶化。

当然了，受到重创之后的我们最不愿意做的事情就是回想那一切。谁愿意重新经历一次创伤呢？那是一种强烈的痛苦。然而有时候，那是唯一有效的办法。

让我给你举一个例子吧。那是我刚出来工作不久的一次遭遇。诚然，击溃我的事情并非失恋或者失去心爱的人，但是对于当时24岁的天真女孩来说，那真的是一次重创。我的第一个工作对象是一份女性杂志。我花费了数年才得到那个职位：月复一月的无薪工作，数周负收入的临时稿件（新闻这一行就是一个吃钱魔头），多年来不断纠缠（一点儿都没夸张）各位杂志发行人讨要工作的努力。终于，我“得逞”了。那是一份针对年长女性的杂志，就是我母亲的朋友们订阅的那种。不过，它使用微亮的铜版纸印刷，里面的内容精彩有趣，既有关于如何抚平鱼尾纹的美容栏目，又有介绍衣服和鞋子的时尚页面，还有讨论更年期（我向上帝坦白，第一次接到这个采访任务的时候，我还以为这是某种盆栽植物的名字呢）或者儿女离家之后的空巢老人如何一起弥补过去遗憾（我那时候当然不知道这些内容会在2018年的时候再重复一遍）的专题。

我的职责主要是为杂志中一个名为“梦想人生”的栏目采访各种女性。栏目的主旨是，这些受访者全都经历过某种苦难，她们受到的影响是如此深刻，以至于被迫改变了原来的生活方式。故事的起因通常是某位已经结婚30年的丈夫，在过去10年的婚姻生活中发生了婚外情。不论刺激因素是什么，结局总是一样的：事情发生后，妻子们为自己的人生找到了新的意义，而那个意义多数是做生意并且大笔大笔地赚钱。

我要做的事情就是采访她们。我爱死这份工作了。基本上，我的新闻业生涯头6个月就是在问世界上最八卦的问题（“您第一年赚了多少钱？”“您觉得您丈夫现在有什么感受？”“您记得自己是怎么发现丈夫和小三的吗？”），然后写下来，拿工资。问题在于，这只是我工作职责的一半，另一半是要给整个部门当行政秘书。我要处理发票、安排培训、做会议记录和分派报纸。这部分工作没有多少报酬，却成了问题的根源。

那是在一次节日假期回来之后的第一天，我被叫到总编的办公室。我傻乎乎地以为自己要升职了（痴心妄想的感觉还真是挺棒的），却发现她带着我往边角处一个很少使用的小办公室走去。她要我坐下，说了一通，大概意思就是：我不合格。发票丢失，火车票没订好，愤怒的作家抱怨负责处理相关事务的白痴女孩害他们无法支付贷款。“很简单，”她微笑着说道，“你有3个星期时间进行改进，然后……”未说出口的话，犹如猛禽般悬停在空中。

我被打蒙了，晕头转向地走回自己的工位。整个办公室的时间仿佛凝固了，我就像在糖浆中浮沉，呼吸不畅、双颊滚烫，不得不咬紧牙关才没有在整个办公室的人面前哭出来。我的24岁生日刚过，靠着这份工作的薪水，我终于从姐姐家的储藏室里搬了出来，终于在许久之后有钱跑去超市购物，每次使用自动提款机的时候不用再看屏幕上出现的余额不足的字样。我是个记者了，我在朝着某个目标前进。然而在那一刻，一切似乎都要被夺走。那是我的灾难时刻。

夸张吗？确实是。但我那时还是个孩子，独自在城中谋生，没几个朋友，更没有真正可依赖的人。而且，我太羞愧，不愿告诉父母。上帝也不容许我将自己的工作负担甩给其他同事。对于我来说，生命中的那一刻给我留下了创伤。我有三个选择：一、屈服，封闭内心，承认自己也许不是一块当记者的料；二、离开，但对自己说，那是他们的问题，不是我的；三、回顾那痛苦的时刻，思考灾难发生的缘由以及克服它的方法，搞定它，然后继续前行。

我一直是个日记写手。自从妈妈给我买了一本浅蓝色的小熊维尼日记本之后，我就开始用纸和笔来理解自己的人生：青春期、男孩子、朋友、男人、事业。写日记更像是一个过程，而不是一种艺术形式。在日记里，我能够理清自己的思路。我写日记的习惯从那时候开始，延续至今。

我仍然保留着当时写下的日记，现在读起来，觉得挺好笑的。灾难发生的那一天，你简直能感觉到那一页纸在往外冒硫酸：“我恨这个地方！真不敢相信，我竟然会因为这种事丢掉工作！”第二天的日记更令人伤感，虽有所节制，但还是阴云密布：“我觉得这地方的人永远无法理解我。我太与众不同了。也许，我过于与众不同，以至于做不成记者。”不过，继续翻看后面的日记，我发现了一点：言辞里的火药味渐渐消散，夸张的宣言越来越少，深思熟虑的想法越来越多，与此同时，文字的条理越发清晰。最开始的几行字是气急败坏时的胡思乱想，没有逻辑，没有时间顺序。渐渐地，它们转变成更为连贯、结构更清晰的文字。最让我开心的是：抱怨别人有问题的言论（“她不理解我”“她太苛刻”）减少了，自我反省的坦白（“我做事可能太没条理了”“有时候我觉得自己有点儿心不在焉”）增加了。

通过写日记，我开始一点一点地分析自己哪里出了错。分析越深入，我就越能理解导致这场灾难的真正起因：我确实有创意，可是，当我回顾自己当时做出的那些事情（积压发票，将类似预订火车票那样的行政任务排到工作清单的最后面）时，我发现自己做事情的条理性真差，然而以前的我是绝对不会意识到自己有这个毛病的。要是你问我是不是个杂乱无章的人，我会回答“不是”，因为我的生活不算太过混乱，我很守时，我的卧室很干净，还有其他生活中的表象，都在说服我相信自己是一个相对“靠谱”的人——直到灾难发生的那一刻。这种写日记的方式不仅帮助我理解自己遭遇的打击，还探究我的生活中那些平常绝对不会被质疑的方面，帮助我成熟起来。

虽然当时的我并没有意识到，但我的做法正是如今学者们所提倡的应对重大创伤和苦难的最有效方法之一。

詹姆斯·彭尼贝克是得克萨斯大学的一位学者。他一辈子的大部分时间都沉迷于研究人们如何应对创伤后遗症。他创立了一个里程碑式的课题，研究那些曾在童年时受过重创，但一直保守秘密的人在其后来的人生中过得如何。研究结果很有意思，简单概括起来就是：从未与人提起过孩提时所受重大打击的人，成年后的健康问题显著增加。

彭尼贝克惊叹于这个结论，以至于更进了一步，用30年的时间，邀请人们在连续3～4天的时间内，每天都到他的实验室去花15分钟写下自己一生中“最痛苦的经历”。人们写下的内容千差万别，被抢劫、被殴打、被强奸或自杀未遂。每一个人对“苦难”的定义都不一样，但是诉说创伤的效果是一样的。彭尼贝克发现，把自己的感受写下来的人，就医的次数更少，焦虑和抑郁的程度更轻，免疫系统的评分和功能更好。

神奇吧？嗯，有点儿。原来，把痛苦经历写下来（甚至说出来）的行为，本身就带有某种魔法般的力量。它的原理是：通过探究到底发生了什么事，受害者们会在无意之中完成一系列步骤，从而对创伤获得更加睿智的认知。首先，彭尼贝克发现，随着实验的进行，参与者们开始使用类似“我意识到”或“我明白了”的短语，这表明他们对自己的遭遇有了更深入的认识。然后，他们开始改变视角，由使用代词“我”改为“他”或“她”，比如“他袭击我”或“她对我喊道”，这表明他们开始与创伤拉开距离。最后，彭尼贝克发现，写得最清楚的人——真正释怀的人——就是那些最终认识到创伤促使他们找到了积极人生意义的人。

虽然我那次差点被炒鱿鱼的经历不能与这些人面对的天灾人祸相提并论，但我可以这样说：表达感受，确实对我有独特的积极意义；探讨究竟哪里出了差错，能帮助我理解办公室的运转。今时今日，身为杂志总编的我，时刻会警惕一种危险信号：某个年轻同事对某个项目沉默不语。我全凭直觉去探测这种信号，因为我亲身经历过。（沉默十有八九意味着那人无法处理那个问题。）

你明白了吧？如果我们正确对待苦难，它就可以转变成令人难以置信的有用力量。诚然，探究某事为何出现差错的过程很痛苦，但那是一个将错因连根拔起的机会。我们经历苦难之后，往往喜欢把它封装在盒子里，塞进脑海的角落中，迅速离开。但问题是，那个盒子将永远存在。更重要的是，盒子里面装的只不过是一团受创之后的混乱情绪，一直没有被主人拼接成一个连贯的故事。人类的心智喜欢连贯性，喜欢理解事情，以便于再次遇到类似情况时能够做好准备。因此，探讨苦难，尤其是通过书写的方式，能让我们坚强起来，以便再次发生同类事情时能够坦然面对。

20世纪90年代中期，两位来自北卡罗来纳大学的美国科学家理查德·泰德斯奇和劳伦斯·卡尔霍恩也发现了这一现象。他们用了十余年的时间研究一个庞大的群体，其中有失去孩子的父母，也有其他经受惨烈创伤的幸存者。科学家发现，苦难并不总是以大众以为的方式去影响他们。事实上，那种经历对每一个研究对象产生的影响并非只有负面的，同样有深刻的正面影响。他们报告说，经历意外之后，人际关系更加和谐，第一次发现自己负有使命，而且——也许是最关键的一点——承认自己的心理承受能力变得非常强大。原来，人们面对创伤型苦难的时候，并不会崩溃，反而会强大起来。对于这一发现，泰德斯奇和卡尔霍恩非常惊讶，并给它起了一个名字——“创伤后成长”。

看到此处，我知道你在想什么：疯了吧？如果这是真的，怎么没几个人听说过呀？为什么我们大家更熟知的是另一个词，那种由创伤导致的焦虑症，症状包括创伤场景的闪回、麻木、抑郁等，叫什么“创伤后应激障碍”的？

这是因为，现代心理学一直教导我们，大部分人会受到重大苦难的消极影响。想象一下吧，谁也不会在遭到袭击或者刑满释放之后宣布：“哇，这是我一生中最幸运的事！经过这件事之后，我感觉自己更强壮、更有洞察力了。”（仔细想想，这也是好事。说到底，如果我们要靠这种投身于巨大痛苦之中的方法才能获得心智的成长，天知道我们会变成什么样子。）不仅如此，我们还受到很多支持这种观点的新闻故事的轰炸：可怜的年轻士兵在战争的折磨之下再也无法融入社会，只得露宿街头；情感受挫的性虐待受害者为了维系长久的婚恋关系而苦苦挣扎；愤怒的青年由于幼年时遭遇家庭暴力而被送到儿童之家抚养，此后一生都在社会的边缘游荡。

尽管这些苦难确实杀伤力巨大，而且还可能危及生命，但是并非人人都把它们当作故事的全部。研究者发现，与公众的认知相反，将近三分之二的创伤受害者获得了成长，并没有产生应激障碍这种副作用。（不过，这两种作用并不是互斥的，你有可能同时经历PTSD①和PTG②）

那么，你要如何保证自己历经苦难之后收获的是PTG呢？为了理解这个过程，我想介绍你认识一个人。

* * *

赛达·穆哈尔是那种生活得井井有条的女子：有一位即将够格晋升为“丈夫候选人”的男朋友；有一份在顶级投资银行里担任招聘咨询师的前途光明的工作；还有一个衣柜，里面装满了各种赛达青少年时梦寐以求的闪亮包包和昂贵鞋子。然而，在2005年7月的一个阴郁的日子里，她的这种安稳日子被打破了。

那是一个星期四。她起床晚了，赶紧穿上黑色西装，抓起包包就跑向最近的地铁站——伦敦北区的伍德格林。可是它关闭了。慌乱的赛达疾步走了10分钟，赶到下一个地铁站北三区。皮卡迪利线能把通勤客们一直送入首都的心脏地区，因此是伦敦最拥挤的地铁线路。那天早晨，它发生了严重的延误。早晨的热量已经把地

① PTSD：Post-Traumatic Stress disorder，指创伤后应激障碍。

② PTG：Post-Traumatic Growth，指创伤后成长。

铁站变成一个微型熔炉，站台上挤满了男男女女，窒闷难当。

赛达四处张望。前两年，无论在什么情况下，她总是坐在每一辆列车的第一节车厢里。她将这种执拗解释为过去几年里渐渐养成的“强迫性官能症”。那一天，出于某种无法解释的原因，她决定改变一下。8点48分，从柯克佛斯特地铁站驶来的列车到站。当车门打开、乘客涌进车里时，她放任自己被人流卷进了中间的车厢。

接下来的10分钟，列车朝伦敦中心驶去。报纸在通勤客的膝盖上“沙沙”作响；兴奋过度的外国学生琢磨着伦敦地图；坐在赛达对面的一位准妈妈在椅子上扭动着身子，想换个舒服点儿的姿势。赛达满脑子想的只有“我迟到了，又迟到了”。列车驶出国王十字地铁站，再次冲进黑洞洞的地底隧道，然后……嘭！一声巨响伴随着一股巨力，将整辆列车晃得犹如被掷出的骰子。站立的乘客全部倒地，或者倒在坐着的乘客身上。灯光熄灭，整个车厢沉寂下来。

接下来的几分钟内，发生了好几件事。首先是应急灯闪烁着亮起来，往车身上投下昏暗的光芒。接下来，最初几乎不可察觉，但慢慢地，一股浓密的黑烟从车厢的门缝钻进来，数秒钟之内，将整辆列车加热到40℃以上的高温。没有人知道究竟发牛了什么，只知道，那显然是一件恐怖的事情。在那一刻，赛达一边脱下外套捂住脸部来阻挡越来越浓的烟雾，一边断定：今天就是我的死期。

“我猜测，我们脱轨了。”她用柔和的伦敦北区口音告诉我，“我心想，噢，上帝啊，现在是高峰期，我们刚刚开出国王十字车站，几分钟之后就会有另一辆列车朝我们冲来，撞上，爆发出一个巨型火球，把我们统统烧死。”

我问她，能否记起在那个本来认定自己完蛋了的可怕灾难中，她有什么感受？“首先，我的心脏仿佛被一根绳子死死缠住，缠得那么紧，我简直无法呼吸。接下来，我开始细数自己这辈子还没来得及做的那些事情。我还没跟妈妈、兄弟姐妹道别，我还没跟男朋友道别。我还没结婚，没生过孩子，没环游世界。然后，奇怪的事情发生了，所有旧日的开心记忆如同洪水一般涌入心中：在学校度过的日子，还在世的父亲陪我玩耍的情景。现在，每当想起那一刻，我仍然很激动。”她沉默了一阵，“再然后，我记得自己用心记住当天的日期，并且想道：所以，就到此为止了，‘2005年7月7日，我的忌日’。”

如今我们都知道“7·7”这个日子。对于当天遭遇恐怖分子多重袭击的数百个男男女女来说，对于整个伦敦来说，这一天都是一个惨痛的灾难日。一天之内，56条生命，毁灭在4个年轻恐怖分子的手里。那几个人来自英国各地，聚集在伦敦，心中怀着一个念头：要让伦敦尝尝“9·11”事件的滋味。然而当时的赛达很晚才得知究竟发生了什么事。那一天的傍晚，她坐在母亲家的前厅里，四周的窗帘统统拉上，光线昏暗。直到此时，她才听到“炸弹”这个词以及随之而来的“伊斯兰恐怖分子”。

又过了几天，她把所有碎片拼凑起来之后才弄明白：那天，有一个叫杰曼·林赛的19岁男子从国王十字地铁站走进了她所乘列车的第一节车厢。过了几秒钟，等列车离开站台，驶进通往下一站罗塞尔广场的隧道之后，他引爆了绑在帆布背包里的数磅炸药。赛达所在的列车上，死了56人，大部分都是第一节车厢里的乘客——那正是过去两年来赛达每天早晨都乘坐的车厢。

到现在，“7·7”事件已经过去了10余年，却仍然影响着赛达。她还能清晰地记起，那一天，当她被人从铁轨扶上安全的站台时，她看到人们身上淌出的鲜血。她依然能闻到车厢里的烟雾气味，听见列车上的乘客发出的刺耳尖叫声，以及年轻的男人和女人发出的低沉的呻吟声：“我不想死。我不想死。”她仍然能看到坐在对面的那位准妈妈，双眼紧闭，安静地瘫在座位上。她告诉我，每一年，每逢周年纪念日逼近时，她就会在睡觉时说梦话。她的丈夫听到了，告诉她，她在梦中重历以为自己将死的那一刻，重复着未能与之道别的人的名字，数着这辈子尚未完成的每一个心愿。

然而，“7·7”事件对赛达的生活也产生了非同一般的正向效果。如今的赛达管理着国内最重要的非政府组织之一——JAN Trust[①]。这是一个慈善组织，致力于防止与对抗在英国的极端主义活动。它取得的成绩是如此显著，以至于赛达在2014年获得了大英帝国官佐勋章。现在，她每天穿梭于各地，探访那些怀疑身边的人可能会被招入极端恐怖组织的父母、兄弟姐妹或朋友。她和青年男女谈话，其中有些人只有十四五岁，却已经濒临跑去叙利亚加入“伊斯兰国”极端组织当童军或者新娘的边缘。这事不容易啊。

---

① JAN Trust：创建于1989年，旨在为全球贫困和战争地区的妇女提供帮助。

每一天，她都要在不适区中跋涉。她因自己的努力遭受过暴力袭击，既来自她试图保护的对象，也来自极端分子。她的办公室遭到过破坏，她家的门缝下被人塞进过恐吓信，她的生命一次又一次遭到威胁。然而，当你问她为什么要这样做时，她回答："为什么不呢？"

她是从2005年7月7日的灾难中获得力量的人之一。她知道，那一天，那一辆列车上，某些人的人生被撕成了碎片，散落在四方。她告诉我，其中有很多人都在吃抗抑郁药，也许要吃一辈子。另一些人则害怕得不敢走出家门。还有一些人，直到今天，仍然无法开口谈论当时发生的事。

"如果'7·7'事件未曾发生过，我会过着一种截然不同的生活。我可能会在不久之后结婚。再过一段日子，我便会生养自己的孩子。'7·7'事件之前，我忙于赚钱和改善生活。我喜欢买鞋子，买手袋，那是一种非常自在的生活方式。'7·7'事件改变了一切。"

"7·7"事件之后，她的人生显然更加丰富多彩了。她告诉我，她的恋情更加稳固，并且在爆炸案发生两年后与丈夫结婚，在30岁前生下了两个孩子。她说，她成长为一个更加坚强的人，并且为自己找到了伟大的使命。

"在'7·7'事件发生之前，我专注于自己的事。那天发生的灾难为我的生命赋予了一种新的意义。我可以诚恳地说，如果没有遭遇'7·7'事件，我不会像现在这样努力去改变世界。"

为什么赛达能够从一场打倒了很多人的灾难中成长起来呢？因为她走了出去。虽然她没有写下任何文字，但是她告诉我，那一天之后，她一直非常愿意诉说当时发生的事情：对朋友、对家人甚至对希望了解更多的陌生人述说。据她讲述，得知那天早晨发生的事情之后，她问自己的第一个问题并非“这种事为什么会发生在我身上”，而是“这些年轻人为什么要做这种事”。她现在的工作当然能帮助她回答这个问题，还能帮助她反思自己的遭遇。赛达管理着JAN Trust，这意味着她几乎每天都必须谈论“7・7”事件，这绝非巧合。她接受报纸记者和类似我这种写作者的采访，意味着她在一遍又一遍地重复她自己讲过的话。这些事情虽然无法减轻那一天的痛苦，却帮助她成为一个更勇敢、更坚强的女性。

“我常常问，为什么那天我没有乘坐第一节车厢？为什么我幸存下来，而其他人却遇难了？我想到的理由是，我获得了某种第二次机会。整个‘7・7’事件就是一趟旅途，而我走上了另一趟旅途：反思所发生的一切。我觉得自己因此变得更加坚强。如果没有那次事件，我绝对不会去公开演讲。如果没有经历那一切，我也绝对不可能在经常面对暴力和威胁的情况下继续坚持现在所做的工作。”

像赛达这样的人还有很多，他们虽然在苦难中遭到重创，却能在事后走出阴影，改变世界。我再给你举个例子。多琳・劳伦斯是英国种族改革史上最重要的领袖和思想家。1993年3月，多琳只是一个养育3个小孩、时常上教堂的母亲。她唯一引人注目的就是她有将两儿一女培养成材的勃勃雄心。她最重视全家共进晚餐的时刻，并且限制家里开电视的时间。然而在1993年4月22日，一切都变了。她的长子史蒂芬在伦敦东南区的一个公共汽车站等车时，被5个白人青年杀害。失去一个孩子已经够令人痛心了，而史蒂芬·劳伦斯遇害案的审判还遭遇了缺乏证据、警方出错和机构性种族主义[①]的难题，这使得这一切更是雪上加霜。

这件案子之所以轰动，不仅因为其本身的恶劣性质，还因为它随后揭示出来的英国黑人男女遭受的可怕对待。在哀悼长子逝去的同时，多琳·劳伦斯聚集起了抗争的力量。凶手被指认却又被释放之后，她组织起私人调查。她游说政府开启公开咨询[②]。她那孜孜不倦的努力把自己变成了极右派的辱骂对象，也使她儿子的遇害案成为英国种族关系史上的重要事件。终于，2012年，史蒂芬去世后19年，原来的被告中有两人被判有罪并入狱。多琳·劳伦斯成了国家英雄。

毫无疑问，多琳·劳伦斯愿意用自己的一切来换回史蒂芬的陪伴，但长子的去世迫使她挖掘出原本不会发现的潜力。同样的描述也适用于约翰·沃尔什。很多人都知道，他是《美国头号通缉犯》（*America's Most Wanted*）[③]的主持人。对于数百万人来说，他是一位头发花白的中年绅士，穿得像Milk Tray[④]广告里的人，一边签

① 机构性种族主义：指政府机构部门中存在的种族主义倾向。

② 公开咨询：指政府针对事故等向公众进行的咨询调查。

③ 《美国头号通缉犯》：美国知名电视节目，介绍美国的头号通缉犯。

④ Milk Tray：意思是“牛奶托盘”，是一种巧克力的牌子。

字一边说："记住，你可以带来改变。"可是，很多人不知道的是，沃尔什不仅创立了一档大获成功的电视系列节目，还与妻子一起推动了1982年《失踪儿童法案》（*Missing Children Act*）和1984年《失踪儿童援助法案》（*Missing Children's Assistance Act*）的通过。（也许你在美国见过一种背面印有失踪儿童信息的牛奶纸盒，那也是沃尔什发起的。）

沃尔什也遭受过创伤。1981年7月27日，沃尔什7岁大的儿子亚当在佛罗里达州的西尔斯百货被拐走。16天之后，人们在距离他家120英里的一条排水沟里找到了亚当的头颅。沃尔什，又一位受害者，承受着难以想象的痛苦。更痛苦的是，他和妻子一直无法确认谁是凶手，直到26年之后，连环杀手奥蒂斯·图尔被控谋杀了亚当。然而，沃尔什的脚步并未停下，他成了美国受害者权益倡导者的领袖之一。

苦难的梳理

创伤，如果置之不理，可能一辈子都无法痊愈，每每在不知不觉之中再度裂开。你有没有留意过那些在学校遭遇过霸凌的孩子？他们走路时，肩膀往往会稍微耷拉下来；他们的目光交流有困难；他们倾向于回避正面对峙，遇事宁愿躲在边缘处。然而，那样做的结果是什么？他们进一步成了被欺凌的对象。人类非常善于捕捉各种无意识中流露出来的信号。未经治疗的创伤可能会以你根本想象不到的方式显露出来。

所以，你该怎么办？嗯，你要开始仔细寻找问题所在。就以我为例吧：

问题一：这是你梦想中的工作，你怎么会因为漏掉了一堆行政工作而差点儿要被炒鱿鱼呢？

回答：好吧，也许不仅仅是行政工作，可能我在其他工作上也有点儿失控。

问题二：你为什么会容许这种事情发生？

回答：因为我在条理性方面有困难，却在面试时说自己做事井井有条。

问题三：你的条理性为什么会有困难？

回答：因为我其实不算很有条理，并且害怕让人觉得自己软弱、不胜任这份工作而不敢开口求助。

问题四：为什么别人没有及早发现你其实搞不定呢？

回答：因为我从来没有好好地跟团队里的同事谈过。

问题五：你为什么不跟他们谈呀？

回答：我害怕自己收到负面反馈。

写日记是清理痛苦经历中那些难受感觉的好方法。值得庆幸的是，我写了日记。如果顺着刚才展示的那一系列提问的思路，寻找问题根源的速度就可以迅速得多。问题（至少是在我控制范围内的那些）有两重，其根源在于，我担心收到难听的反馈而不喜欢跟别人交流。有趣的是，如今我当了老板，却非常看重反馈和沟通。如果某位员工对某个项目沉默不语，我就会很紧张，会强迫我那些久经磨炼的团队成员回头梳理，看看是不是哪里出了岔子，然后我们就可以建立一个机制，（希望）它再也不会发生。万一它再发生了呢？那我们也知道该如何对付它。

有效吗？长话短说，我那份工作又干了16个月。他们为我举办一场大型送别派对时，我真是依依不舍啊！我可以诚实地说，那份工作是我入行以来最具决定性的工作。其中最有影响的事件就是我和总编的那一次会面，因为那磨人的一刻，事后强迫自己反省问题出在哪里的困难经历，正是我在工作上真正成长起来的开端。

创伤后如何重新振作

在人生路上可能遭遇的诸多困难之中，被你的总编狠狠地警告一次，其实没什么大不了的。你一生也许要面对比这严重许多的灾难。重点是，你不论遇到什么难关，都可以使用同样的方法渡过。

心理治疗师和心理学家称之为“暴露疗法”。这是帮助人们克服恐怖经历的最受认可的方法：强迫自己与它面对面。虽然这样做并不能减轻那种经历本身的痛苦（失去工作或者失去伴侣从来都是大部分人不愿经历的事情），但是如果习惯了面对它，确实可以帮助我们越来越容易应对它。

直面恐怖经历的感觉很可怕，你会觉得自己仿佛重新体验了一次，但这正是关键所在。刚开始你的恐惧感可能会更加强烈，但不要紧，这是过程中的一部分。

把苦难变轻松，减少可怕程度的方法就是：详细分析它。将那段经历像拼图一般拆散，并仔细检查每一个碎片。人类的天性是，如果将一件事情拆分成许多小片段，处理起来会觉得容易许多。我参加长跑时，不会去想自己要跑的是10公里，而会想自己沿途必须经过的每一个小地标。想得越多，长跑的痛苦就越轻、乐趣越大，以至于到最后，我不再去想它了，就这么跑完全程。这有点儿像装在自行车上的稳定器。对于自行车上的稳定器，很多人保留它的时间远远超过实际需要它的时间，直到在心理、生理上习惯骑车的感觉。

同样地，赛达将导致“7・7”事件的一切拆开来分析。你对自己的情况分析得越多，就越能理解它，日后再次遇到它时的应对能力就越强。这对你的大脑是一种安慰，因为缺乏应对此类事件的模式，会让你感到恐慌。你的大脑充满焦虑，不知道该如何行动，于是，十有八九你又会回到造成创伤的同一个地方。

正如赛达的比喻：你必须回到那趟列车上，才能到达你想要去的目的地。

拼图法

下面所说的方法是在暴露疗法的实践基础上，添加几条我觉得在工作中对我、对我带领过的团队成员有效的额外指引。你可以在脑海中自己练习（比如早晨在上班的途中），也可以跟某位热心的朋友一起练习。我推荐你把它写下来。这是我的个人建议，主要因为我是个写手，也因为我发现，在你需要回顾的时候，读一读自己解析某次困难经历的笔记，很有帮助。

（1）每次至少需要15分钟

我倾向于认为，若是短于这个时长，你就没有给自己充足的时间彻底探清情况。这可以是一次15分钟的散步，也可以是一次15分钟的静坐，或者打开日记本、拿起笔、等15分钟。回想一件事情发生的经过，尽量添加细节。在时钟上设个闹铃吧。15分钟似乎很长，但是，如果你足够详尽地回想，切切实实地让自己回到那个时刻，你也许还需要更长的时间。

（2）以“怎么”开始发问

把一系列事情想完一遍，并且把它们按照某种连贯的顺序排列好之后，你需要深入探究。这一步的目标是尽量回溯，而刚开始会比较困难。我们就用某人被炒鱿鱼作为例子吧。这是怎么发生的？呃，我每天上班都迟到，不尊重老板，于是就这样啦。好吧，那么，你怎么会天天上班都迟到呢？答案也许是，我睡过头了。那就自问一下，明知道第二天要上班，你怎么会睡过头呢？呃，也许是，我睡得太晚了。对的，可是，既然知道第二天必须早起，你怎么睡得那么晚？呃，因为我其实并不在乎每天迟到一点点。就这样，你要打破砂锅问到底，直至找出问题核心所在。顺便说明一下，这一步不会一夜之间就能完成。这时候要是有一位朋友督促你，会很有帮助。因为我经常发现，很多人在这个过程中过早停步。如果没有人督促你，你就试着提7个以“怎么”开头的问题，这应该能带你足够深入，继而挖掘出根源。

（3）接下来要问“为什么”

找到原因之后，你需要质疑自己为什么会有这样的行为。在上面使用的例子中，你需要思考，为什么你不在乎被老板看见自己天天迟到。是因为你觉得自己比老板更优秀吗？如果是，为什么？是因为你想吸引老板的注意力吗？好吧，那就让我们探究一下，为什么会这样。因为你觉得自己大材小用了，所以相信迟到对你的绩效不会有任何影响？此处要记住一个基本原则：不可责怪别人。还记得我说过，只在你可以控制的范围内思考吗？你无法控制老板的行为，只能管住你自己的表现。所以，如果你的回答是：“我这样做是因为我的老板是一个白痴。”那你必须重新开始，将重点从别人的身上收回来。你无法改变你的老板，但你可以改变自己的举止，用更好的方式与他相处。

（4）用“什么”来追问

假设你迟到的原因是你觉得自己有点儿“大材小用”，工作不再具有挑战性，只是每天在做重复的动作。那么，你可以做什么事情来改变现状呢？你能不能跟老板约个时间，要求承担更多的责任，扩大你的职责范围呢？你能不能给自己的每个早晨安排一些个人项目，好让自己按时起床呢？一直提问，直到你想出三四个可行方案，将它们按照偏好顺序排列一下，然后开始执行。

每次使用这张检查单把个人遭受的创伤回顾一遍，你就会变得更加坚强。当它们再次出现时，你就能更加熟练地应对那些难受的情境。

Chapter 4 >>>
社交完美主义的诅咒

当社交完美主义者觉得自己辜负了其他人时，他会感到彻底的挫败。因此，很多人干脆从一开始就不去承担责任。他们相信自己注定会辜负别人。这种想法导致的结果是，他们注定也会辜负自己。

每个人都因担心外界看法而烦恼

你有没有发现，独自一人的时候，你能够像经验丰富的TED[①]演讲者一样充满自信地侃侃而谈？当你和镜中的影子独处时，你谈论自己以及自己的成就时，口才如何？你有没有琢磨过，没有旁人观看时，为什么你能做一个完美的倒立动作？或者，很讽刺的是，只有当没有听众发笑的时候，你才能像萨拉·西尔弗曼[②]那样，掐准时机面无表情地抛出一个笑话。

如果你有过上面列出的想法，哪怕只有其中一条，那我可以告诉你为什么：因为你担心其他人的看法——对你的看法，更准确地说，是你以为其他人会对你持有的看法。我们之所以会在演讲中途呆住，并不是因为忘了词，而是因为突然在观众席里看到某个我们很在乎其意见、害怕其评判的人。我们无法在面试期间细数自己获得的优秀成绩，并不是因为想不起来，而是因为担心眼前人心里的

① TED：是Technology（技术）、Entertainment（娱乐）和Design（设计）三个单词的首字母组成的缩写。美国的一家私有非营利机构，每年组织TED大会，在北美召集众多科学、设计、文学、音乐等领域的杰出人物，分享他们关于技术、社会、人文的思考和探索。

② 萨拉·西尔弗曼：美国演员、制片人和作家。

想法而陷入不适瘫痪。你一旦往某个复杂的场景里面加入某个人，就同时添加了大量别扭的感受，这是忍受他人的评头论足时产生的一种难受的感觉。相信我，每一个人都有同感。

社交完美主义

我在大半辈子中都是一个社交完美主义者，也就是说，我非常在意其他人对我的看法。为此，我在生命中的每一个阶段都摔过跟头。我曾经无可救药地爱过几个男人，然而对方根本就不知情，因为我太害怕，不敢对他们告白，担心他们会认为我是白痴、太主动。我曾经放弃争取几个工作的机会，不是因为自己觉得还没准备好，而是因为害怕面试桌对面的人会对我形成这样的判断："这个不够格的可悲申请人是谁啊？"每次看到朋友或同事唱卡拉OK时，我渴望加入，却又不敢，因为害怕他们对我的歌声有微词。（我知道，我都39岁了，可我还是在乎。）

这些情况，你有共鸣吗？我打赌，有的。因为大多数人或多或少地都有点儿社交完美主义，意思是，我们不仅关注他人对自己的看法，还在乎他们对自己的期望。这会引起有害的心理困境，却常常得不到安慰。举个例子，假设你是一位母亲，你就会担心其他人期望你扮演一位尽职尽责、无微不至的母亲。假设你是一位领导，你就会担心其他人期望你扮演一位无所畏惧的战士，时刻准备着带领大部队走过最艰险的路途。假设你是一位购物助手，你就会担心经理期望你不论任何时候都彬彬有礼。假设你是一位父亲，你就会担心家人期望你每时每刻都能满足他们的要求。但是这些都是难以始终如一地扮演的角色，而那些在社交完美主义标尺上得分很高的人们——所有人在这把标尺上都有一个位置——会忍不住觉得自己有责任扮演它们，迎合它们所要求的种种特性。然而这样做可能会很危险，有时甚至会导致灾难性的后果。研究表明，极端的社交完美主义和自杀率直接相关。当社交完美主义者觉得自己辜负了其他人时，他会感到彻底的挫败。因此，很多人干脆从一开始就不去承担责任。他们相信自己注定会辜负别人。这种想法导致的结果是，他们注定也会辜负自己。

可是他们忘记了一点：没有人会在乎，或者说没有人会真正地在乎。反正，肯定没有他们想象中的那么在乎。事实上，研究发现，我们全都严重高估了其他人对自己的看法。真相是，多数人忙于考虑自己的事情，根本没工夫理你。我在演讲时，对这一结论也颇有体会。我心中许多忧虑都来自担心听众会对我的手部动作，我走过舞台时的步态有何看法。可是，我越仔细观察他们，就越明白，他们根本就没在想我的事。我知道这一点，因为我自己每次听演讲的时候（大体上来说，我还算是个比较专心的听众），也很少会去想演讲者的事。是的，我隐约听到他们在说什么。是的，他们走上舞台的时候都给我留下了模糊的印象。在他们开始讲话之后呢？我要么开始眼神游移，要么忙于思考他们演讲的内容跟我自己、我的人生有何关系。

心理学家称这种现象为“焦点效应”：一种过高地估计周围人对自己的关注程度的现象。有一张搞笑的漫画能完美地概括这种情况。画中是一个发型糟糕的女子，旁白写着：“其实我并不担心一整天都要顶着这个难看的发型，只担心会被人留意到！”想象一下吧，当你觉得没有人会对你说三道四的时候，你会做些什么事情、获得什么样的成就呢？你可能会在群体活动中更热衷于发言（以前的我比现在说话少多了，不是因为无法确定自己说得对不对，而是因为担心群体中的其他人会有什么想法）。你可能会穿颜色更加鲜亮的衣服，你可能会主动接下一个工作（原本你估计其他人都会认为那超出了你的范围与能力）。还有，如果你少猜测别人可能会对你做出什么评判，那么你也许会邀请更多潜在的合作伙伴来跟你商谈。顺便声明，要是以上情况说得跟你一模一样，那么，你并非孤身一人。某些声名卓著的公众人物也有同样的感受。女演员克里斯汀·斯图尔特曾经说过：“我非常在意人们的想法。我是一个演员，我只在乎被人理解，只想表达自己。”所有人都有这种担心其他人对自己有不好看法的困扰。

我们都渴望融入群体

为什么呢？我们为什么要关心那么多？好吧，我们关心那么多，是因为我们渴望融入社会。这是一种源自类人猿时代的古老愿望，事实上，是为了让我们生存下来才发展而成的。想象一下吧：当别人赞同你的意见时，你高兴吗？人群中若是有人对你说的话点头，你就会变成对着他说话了。老板都比较喜欢那些附和他们观点的员工。Instagram的受欢迎程度为何能够如此迅速地超越Twitter①？因为Instagram是一个赞赏和奉承的回音室，是一个取悦自己的地方；而Twitter则是一个斗嘴和表达异见的公共场所。

这种关心是人类生物构造的一部分，我们确实无法自制。跟自己的“部落”融洽相处，能让我们留在其中。在祖先所生存的那种食物短缺的苛刻环境中，团结的群体就是能够一起生存下来的群体。这一点在电视真人秀中展现得淋漓尽致，什么《老大哥》（*Big Brother*）、《荒岛求生》（*Shipwrecked*）、《殖民地》（*The Colony*）、《我是名人，让我出去》（*I'm a Celebrity Get Me Out of Here*），全都基于同一种基本的人性前提：竭尽所能地留在群体中，即使这意味着必须隐藏真实的自我。

持有这种观点的不止我一人。在美国加利福尼亚州大学进行的一项试验中，科学家追踪一群青少年的大脑反应，检测有人对他们发布在社交网络上的照片点赞时会呈现怎样的脑电波图像。结果如何呢？当这些年轻人看到自己的照片收获许多赞时，大脑中与“奖励”（换个词说，就是产生愉悦感）有关的区域就会像个游

① Twitter：推特，一款服务于公众对话的社交应用。

乐场似的欢乐起来。

更有趣的地方在于，同样是这些青少年，如果一张照片已经得到了同龄人的大量“赞”，他们更有可能“喜欢”这张照片。巧合吗？这正是我们刚才讨论的那种现象的最单纯的表现形式。我们关心其他人对自己的看法，以至于放任自己按照猜测中的别人的想法来影响我们的决定。

令我们如此害怕的究竟是什么？说到底，我们再也不需要为了生存而留在某个社交圈子中（尽管大量研究确实显示，受到社交圈子排斥的人可能会感到抑郁和焦虑）。假如我们与身边的人意见相左，或者辜负了他们的期望，最糟糕的结果是什么呢？就算我们的演说稍微偏离了主题，也许会惹恼几个听众，也没什么大不了的嘛。要是我们在公司的派对上讲了个不好笑的笑话，可能会失去几个同事的喜欢，那就算了呗……在当今社会，我们奋力争取的并非身体的生存，而是社交场上的生存，而这个地方是一个布满各种困难的雷区。

害怕失去社会地位的心理困境

在西方世界中，我们以崇高的社会地位来奖励成功的个人。虽然这并不等同于，我们更崇拜那些拥有大房子或开着豪车的人而不是住单间屋子的人；但这确实意味着，我们更容易受到那些在各自的社交圈子里获得尊重的人的吸引。事实上，研究者发现，相比赚取更多的收入，在社交圈子中获得更高的社会地位会让我们更幸福。

崇高的社会地位如果不是以金钱来衡量，那到底是以什么来衡量呢？是位置。一个社会地位很高的人，是该群体中大家都愿意听从的对象，是众人常常会在无意识中模仿的对象。当你的同事们忽然都学着经理的风格穿衣、说话时，你就知道是这种情况了。心理学家称这种现象为“威望提示”：一种服从并且模仿社交圈子中最受瞩目的人的行为。社会地位高的一个重要体现是，观点得到群体中众人的高度认可。你有没有想过，你的圈子中谁的社会地位最高？这里有一个立见分晓的好用测试方法：展开一场辩论，看看谁的意见更能得到其他人的拥护。

所以，如果我们大家渴求的都是崇高的社会地位，那么失去它或者处于低位，则是我们希望能避免的情况，甚至不惜一切代价。因此，这就是我们认为在别人面前表演的风险所在。不过社会地位也可以迅速而无情地一落千丈。曾经的英国工党领袖艾德·米利班德就深有体会。在本地选举日的前些天，他被人拍到吃培根三明治的照片。你可能觉得，这不算什么危机。可是，那个可怜人被拍到的照片正是一口咬下去的那一瞬间，黄油从他的嘴角溢出，双眼半眯。一年后，2015年的竞选活动期间，那张照片成了《太阳报》（*The Sun*）的头条新闻，标题为：“艾德就是这样错待一个无助的三明治的。48小时后，他有可能同样地对待英国。救救我们的培根！”

难看的三明治吃相能否证明作为国家未来领袖的能力？关于这个问题的争论犹如野火一般，在社交媒体和英国新闻界蔓延。他吃东西的照片——眼睛往上翻白、嚼着满口面包——被做成表情包，在社交媒体上贴上“艾德吃东西”的标签满世界地推送，泛滥成灾。最终，工党输掉了竞选，艾德下台，政治生涯结束。在这次事件中，他成了一个笑柄，失去了社会地位。一旦失去社会地位，他就几乎不可能再去领导任何人了。

所以，你看到了吧？社会地位的失去可以迅速而且彻底。然而，对于我们来说，害怕失去社会地位的内在不适是更大的危险。因为它阻止我们去做的事情，恰恰是为了能在人生路上继续前行而必须去做的那些。

翻倍努力

前面说的那些没有人真正在乎我们的话，当然很好，可是，他们对我们的关注究竟比想象中低多少呢？研究结果显示，大概低50%。这很多了。它意味着别人留意到的信息只有你自己以为的一半。你几乎可以肯定，他们无法看出你头上那个老旧的发型有什么不妥之处，也不会留意你的手在发言时如何挥动。不会的，完全没有。光是知道这一点，你都觉得如释重负，对吧？

既然人们对你所做的事情大概只会注意到你所猜想程度的50%，也就是说，如果你确实希望他们注意到你，那么，你可以通过各种各样的手段来放大自己的音量。

假设你要演讲，你可以将双臂舒展到最大的宽度（你会发现，最著名的演说家就是这样做的），而不是像大部分人似的张开一半。你还可以使用平常在房间里说话时的两倍音量来说话，而不会让任何人感觉突兀。或者，你可以为了增强某句话的语气而停顿两倍的时长。我把这种方式称为“翻倍”。只要有机会，你都可以尝试翻倍，不用担心别人的非议。他们会注意到你吗？会的。但他们注意到的是，你的表演恰到好处，而不是你像个大傻瓜。

去吧，试一试。我建议，你给自己拍一个发表简短演讲的视频，找一些人坐在跟前听——朋友或者热心伙伴都可以。第一次拍，先用你平常的方式来讲。第二次拍，有意识地将一切“翻倍”。比如说，你可以将边说边踱步的距离加长一倍。你有没有留意过，那些专业的演说家们在舞台上踱过的距离相当长，可大家完全没有觉得怪异？接下来，试一试将双臂张开到习惯宽度的两倍。我知道这感觉有点儿别扭，可是，照做吧。当你想要强调某个词的时候，将音量放大到平常的两倍。你也许会觉得自己是在喊叫，但其实不会。你要有信心。至于停顿嘛……对，停顿，这是多数演讲者最容易出错的地方。在演讲的中途沉默，感觉确实非常磨人，是吧？但是，尝试把开口演讲之前的自然停顿时间拉长一倍吧。虽然你自己感觉像是沉默了好几分钟，但实际效果只会是几秒钟左右。

细品这种沉默，习惯它的别扭感吧。

两次演讲的感受差异是巨大的。第一次很舒适，第二次却像在参与某种古怪的即兴演讲，但这种感觉仅仅是因为你担心自己会出洋相罢了。现在，回头来看看两次演讲的视频吧。你注意到没有，两次之间其实只有微小的区别，然而，其中的一次不论是气势、流畅度、自信还是冲击力方面，都比另一次强许多。对于那些实际留意到的信息量比你想象中少50%的普通人来说，他们只会看到一个出色、熟练的演说家。

心理困境的掌控之道

我们对他人意见的畏惧，其实是自身恐惧的一种投影。假如有人对你说："你的绿头发好难看。"你心知这不是实情，所以你不会介意（呃，除非你的自助染发套装出了大毛病）。不过，要是有人对你说："你知道吗？那次面试期间，你说的话毫无说服力。"你就会因为它"印证"了心中对自己的负面看法而信以为真。

很多人会给你提出这样的建议："不要相信那种消极、损害自我的话。"可是，这本书不是那种书，我也不是那种人。假若人生真有那么容易，那我们所有人都能甩掉一切包袱，让类似这样的念头"穿这件衣服是不是显胖？""我是不是手势做得太多了？""用了那款水晶无味除臭剂，我身上是不是还有味儿？"像热吐司上的黄油似的化掉。然而，不是的，要甩掉它们非常困难。

我要说的是：预想别人可能会对你持有的看法，将自己置身于由此产生的难受感觉中，并且逐步掌控它吧。你肯定会有感觉的，会议前担心老板对你的看法，忧虑新的约会对象将如何看待你，演讲前因为听众“意见多多”而焦躁不安，诸如此类。所以，接受事实吧，并且向其他人承认。通过释放内心的焦虑，你也能将自己从它们附带的羞耻感中解脱。

这样做的感觉，犹如挣脱铁钳——你自己制造的铁钳。当你将封闭在心中数周、数月——有些人甚至是数年——的想法或感受释放出来时，你是在解放自己，不再受它的束缚。我的意思是……要不然，你觉得天主教设立告解室是干吗用的呢?

当然，我并不是说，我们的终极目标是将自己从羞耻和难受中解放出来。这两种感受既有积极意义，又有消极意义，两者都能在某些情境下起到提醒我们行为出现失当的作用，你应该运用它们、聆听它们。然而，任何被极端化的情绪都具有破坏性。没有好处的羞耻感，因为害怕他人的看法而强加给自己的羞耻感，可能会很极端，还可能会导致我们对自己的看法与真实的自己完全脱节。

一开始，先找你信任的人谈，比如好友、拍档、认识多年的靠谱同事，或者，拉住那个帮你拍自制视频的人，把你的感受告诉他们。如果是在一次大型会议之前，你就告诉他们，自己因为担心会议室里其他人的意见而“焦虑不安”。你要说得详细些：解释令你紧张的究竟是什么，因为它很可能并非整个情境，而只是其中的一个因素。你害怕的也许是，他们要求你给意见，而你回答不上来，他们会怎么想呢？会不会觉得你很蠢？没能力承担这份工作？你担心的可能是，会议室里坐着某些厉害人物，而你讲的话在他们听来会有怎样的效果？通过袒露内心的焦虑，你会发现4件以前可能没有注意到的事情：

一、每个人都有相同的感受。光是了解这一点，就已经自然而然地让你轻松一些了吧。

二、听你倾诉的人会很惊讶，因为别人很少会去琢磨你心里的感受。我已经数不清自己曾经有多少次告诉别人我很焦虑，而他们回过头说："你想太多啦。"这种反应一定能令你感觉好受一些。相信我吧。

三、倾诉能将你从那些感受的限制中解脱出来。根据研究结果，将难受或消极情绪藏在心里不仅有害健康（将心事闷在心里的人罹患心脏疾病的概率比其他人更高），还会导致对自己的真实情况做出错误的判断。

四、这样做还能帮助你鼓起勇气。就是这么简单。而且，随着勇敢而来的自豪感是一种更强劲的动力，也是很多人一生中没有多少机会尝试的感觉。

我想再对第四点多说几句：勇气的作用被大大低估了，它是人类意识的一个基本要素。当你的内心充满勇气时，你会觉得自己能够征服世界。在这种精神状态下，你真的不会浪费一点点的心思去在乎别人想什么。

承认自己的心理困境大概是人们能做到的最勇敢的事情之一，然而容许自己去这样做的人太少了，为什么？因为我们担心，承认自己感情上的软弱会失去社会地位。可是，正如我们在这一章里看到的，人们关注的信息很少能有我们自己想象中的那么多，所以，承认自己害怕能有什么损失呢？没有。反过来，能有收获吗？一定会有。

真相是，大多数人都很害怕，少数坚称自己不害怕的人，要么是太幼稚（这种情况还真有可能出岔子），要么是自恋狂（同样很有可能在人生中四处碰壁）。幼稚的人无法看清眼前的状况。如果他们以为走上舞台面对500个人或者参加一场棘手的面试都无法让他们害怕，那么，当恐惧袭来的那一刻，他们会立即被打倒在地。你就会看到“不适瘫痪”发作，而他们毫无退路。那种情景，对于听众、对于将自己推入那种境地的幼稚者来说，都很难堪。不仅如此，而且一旦发生那种情况，他们内心里那种担心每一个人都断定自己是个糟糕表演者的忧虑就成真了。

所以，聪明人的做法是，承认自己害怕——最理想的状况是能对另一个人诉说——并且粉碎那个导致心理困境的源头。这就是暴露疗法的原理：尽可能频繁地将自己暴露在令你害怕的情境当中。临床资料表明，这样做并不会减少人们的恐惧感，但能让他们更加勇敢。关键在于：他们只有在自愿暴露的前提下，才会勇敢起来。如果是被迫的，效果就会相反。因此，你如果害怕其他人对你产生不好的看法，就主动承认它吧，将它摆上桌面。在任何人有机会将它强加到你头上之前，自己站起来面对它。自己说“我害怕在500人面前发言”，与别人对你说“你害怕在500人面前发言，是不是？”有天壤之别。

当你主动将自己暴露在害怕的情境中（在这个例子中，就是别人的评判）时，你就进入了“挑战状态”。这种状态，正如我们前面讨论过的，能够引发积极的情绪。

掌控心理困境还会产生另一个意料之外的绝妙作用：受人爱戴。人们敬佩这种行为。他们赞赏你的勇敢和你对恐惧的掌控，这种做法符合他们想要的那种主导自己人生的生活方式。

举个例子，1991年[①]，歌手乔治·迈克尔参加《帕金森秀》——当时英国收视率最高的清谈节目。数月前，乔治·迈克尔在比弗利山庄的公厕内因猥亵他人而被捕。在此之前，没有人知道乔治·迈克尔的性取向。

在那期节目中，乔治·迈克尔首次公开谈论起他的性取向。每一个人都掐准了时间，等帕金森说完关于乔治·迈克尔的音乐事业的闲谈，才过来观看乔治·迈克尔谈论那天晚上在公厕里发生的事情。对他来说，这种关注势必造成沉重的心理负担。那么乔治·迈克尔是怎么做的呢？他掌控了自己的心理困境。

虽然他不希望世人以发现他在公厕里所为的方式得知他是个同

---

① 此处说乔治·迈克尔在1991年参加《帕金森秀》，但这个节目在1991年并没有播放。此处时间应为1998年。

性恋者，但事已至此，他别无他法。于是采访开始没多久，在帕金森有机会提问之前，乔治·迈克尔主动提起了那件丑闻。那真是神奇的一刻：帕金森目瞪口呆，而乔治·迈克尔则是从采访开始以来头一次露出了安心的表情。对他来说，那种难受的感觉转眼即逝。通过主动出击而不是被动地等待帕金森提问的方式，他掌控了现场。控制了自己的心理困境之后，别人再也没有机会评判或者羞辱他。不仅如此，世人还很欣赏他这样做的勇气。

采访播出之后，乔治·迈克尔重新成为国民男神，唱片销量猛涨70%。有趣的是，艾德·米利班德在“培根门”之后也采取了类似的方法，寄出圣诞贺卡，印着自己身穿光滑的皮革骑手装、吃着培根三明治的照片。他完全主导了那次意外带来的心理困境。我认识的收到那张卡片的每一个人都为此喜爱他。

* * *

苏珊·麦克塔维什·贝斯特最擅长心理困境的掌控之道。她是硅谷版的玛莎·斯图尔特，以召集科技、商业、学术和艺术各界的当世人杰到她在旧金山的家里聚会而闻名。受邀参加苏珊的“沙龙”，你的脑海中立刻就会浮现出置身其中的情景：随便一个夜晚，你都能在她家中见到诺贝尔奖得主和知名作家聊天、好莱坞制片人跟技术先锋混在一起，而那一切的中心就是苏珊，一个披着火焰红发的柔美女子，她所有的工作就是在房间里四处走动，像个外交家似的，巧妙地为众人引荐、转圜，听取这群权威人士的高见。她的一举一动，就是一个与自己、与他人的评判都能安逸相处的榜样。你会琢磨，她的秘密是什么？答案是：一个短暂的困境差点儿终结了她的整个职业生涯，但最终改变了她的人生。

2002年1月25日，又一场午夜沙龙结束，苏珊正在清理留下的垃圾。她来到前厅，弯腰想收拾还在燃烧的篝火时，砰的一声，火苗直扑她的面庞，随即开始吞噬她的身体。

“我感觉脸颊上沾满了棉花糖，”她告诉我，“可是当我伸手到脸上想把它拍掉时，才发现自己整张脸都着了火。”接下来几分钟的记忆很模糊。她记得自己冲进浴室，又在房间里四处乱跑，确保没有别的东西着火，然后才终于听到救护车的鸣笛声靠近。

最初的几个星期，她命悬一线。她躺在医院里，四肢被吊着，活像一个人形破布玩偶。当医生终于告诉她已经脱离危险期之后，她却得学习忍受身体受到的永久伤害。她的皮肤有20%二度或三度烧伤，双腿、双臂、双手和脸上最为严重。幸好当晚她戴着一副眼镜，双眼才幸免于难。她伤得太重，无法照镜子，但她能感觉到身上的伤痛。她的整张脸，从额头到下巴，如同月球的表面，原本像瓷娃娃一样漂亮的肌肤上布满了一堆堆化脓的水疱。她需要一个奇迹，才能恢复旧日的容颜。

而且……数个星期之后，她出院时，需要做出一个决定。她曾经是社交场上的交际花。她会担心别人对自己新面孔的看法，退出社交圈吗？她会直面令她如此害怕的凝视目光和窃窃私语吗？

结果，她选择了直面现实。“我需要那种人生继续前进的感觉，所以仅仅过了几个星期，我就办了一个大型的沙龙，为大家煮好吃的，其间还得将一只脚搁在厨房的台上（我必须时刻将它抬起来）。当然了，当我听到少数人评论说我让别人看到自己烧伤的模样很勇敢时，我还是觉得有点儿扎心，可是，说到底，我不在乎别人怎么看我。大部分人根本不予置评。”

学会摆脱心理困境

最终，唯一能真正不在意他人对自己看法的办法，就是要对自己有清醒的认知。我知道，这话说着容易做起来难。我们常常无法发现真实的自我或者真实的想法，因为我们总是在无意识中害怕受人排斥，以至于有些人很可能一辈子过完了，还不知道自己到底为什么而活——真是可悲啊！为了免遭拒绝，我们重复以前听过的言论和意见，结果，很快我们就搞不清自己是从哪里开始的，其他人又是从哪里起头的。

那么，你就从这里开始好了：先说一个你觉得适用于自己的词，也许是“受惊的”，也许是“有创意的”。说每一个字的时候，都要留意自己的感受。它会让你感觉更坚强还是更软弱？如果它令你更软弱，你就再也不要用它。相反，如果它令你感觉更坚强，你就一直重复地说。

要打破担心世人对自己怎么看的心理困境，关键是要记住，大多数人对我们压根儿就没有看法，就是这样。光是知道并提醒自己这一点，就有一种不可思议的解放力量。但是，如果你仍然无法将那些折磨人的念头踢出脑海，那就找个信任的人来倾诉吧。我觉得这也是很重要的。一个既关心你又很公正的可靠朋友能够帮助你安抚内心的难受。他们可以告诉你，你的恐惧究竟是有真凭实据，还是仅仅是自己心中恐惧的投影——答案常常是后者。正如作家奥林·米勒说过的："如果你知道其他人很少会想到你，你也许就不会再担心他们对你有何看法了。"

Chapter 5 >>>
如何应对突如其来的意外

当你发现自己身陷不适区、感觉狂乱而失控时，能够将你打捞到安全区域的救生圈，就是你的直觉。

当意外来临时，让直觉来救你

两三年前，我接到任务，要在一次大会上采访一位技术创始人。我对那个大会所知甚少，只知道自己的采访被安排在当天的最后时段，要在舞台上谈30分钟。可是等我和接受采访的小伙子一起来到会场时，我才发现我们要在全国“最大”的舞台上谈话——当着2万人的面。以往我在发言时面对过的观众最多也就50名。理科男和我大眼瞪小眼，都有点儿蒙圈，活像发现大祸即将临头的两个孩子。我们被困在不适区中，却没有救生圈，不知道如何才能阻止自己下沉。

“好吧……外面可坐着一大群听众呀！”在后台，这次活动的组织者完全处于肾上腺素过量的状态中，扯着嗓子吆喝，“他们全都高度亢奋！这是最后一幕！我要你们走出去，做个摇滚明星！”

我准备采访的那个人，虽然魅力十足，却并非摇滚明星。他是个身穿熨烫衬衫和牛仔裤的科技达人，我是个穿着西装的中年记者。我们与摇滚明星的差距大得不能再大。然后，倒计时开始了（60秒……45秒……30秒……），组织者使出了令我的五脏六腑都为之扭曲的致命一击：“哦，对了，我们得拍些照片，所以你们得在观众面前站15秒钟，好让我们拍。”我俩还没反应过来，就听到自己的名字在喇叭里响起，然后，我们就被推进了炫目的灯光中。我猜想，若我真的是个摇滚明星——比如米克·贾格尔或碧昂丝——那么，看见这么多张面孔对着自己微笑，在场的每一个人都是为我而来的，必定会兴奋莫名吧。然而，我们走出去时，没有一张面孔上挂有微笑。他们只是满怀期待地等候着，皱着眉头。

我根本不知道该怎么办，眼睛该看向谁，怎样引起观众的兴趣。我等待着某种合理的念头冒出来，告诉我答案。可是，等不到啊。慌乱将我吞没。我呆呆地站着，似乎足足站了一分钟。白色的会场灯光照得我开始流汗。尽管会场温度是30℃，但我的身体僵硬得仿佛刚刚被人从冷冻柜里拿出来。来嘛！来嘛！我用意志催促自己，我要怎么做？我要怎么……

然后，奇迹发生：我的直觉启动了。多年以来，我第一次听从了它的建议。没等自己想明白，我就开始指挥聚集在此的男男女女向天空举起手机，将电筒点亮，然后给我自己和受访人拍了一张超大型的自拍。最最疯狂的是：他们不仅愿意帮忙，还一直让那个动作保持了15秒钟，好让我和受访人摆弄自己的手机拍下这一幕。组织者得到了他要的照片，受访者得以在访谈前冷静并且放松下来，而我也免去了在上万观众的舞台上尿裤子的尴尬。那真是一个奇妙的时刻。当你发现自己身陷不适区、感觉狂乱而失控时，能够将你打捞到安全区域的救生圈，就是你的直觉。

在短时高压情境下，为什么直觉比理智更有效

若我当时站在那里一直等待合理的想法冒出来，那么毋庸置疑，再等几秒，我的身体就会崩掉。继续傻等理智发挥作用，我可能会被“不适瘫痪”吞没，我的身体会凝固，一切都会完蛋。结果，我的直觉给出答案，救了场。

直觉除了是各种情绪的集合体，还能是什么呢？它就是那么一团，是一种感觉。确实如此，但它也是你的身体有用的工具之一。直觉是消防员、飞行员、警察和军队一次次在身陷重重困境时的求助对象。事实上，直觉与直觉能力研究领域的全球先导者之一——盖里·克莱恩主持的研究发现，陆军军官所做出的决策有96%来源于他们的直觉，而海军军官则是95%。

这是因为，在非常困难的境况中，当时间紧迫、压力倍增，而你的身体如同森林大火中的枯木一般承受着压力的灼烧时，理性思维往往没有时间完成思考。如果等着它，你的焦虑就会积聚，越来越多。而焦虑程度升高时，你的理智——那些本来指望着能救你一命的合理、聪明的思维——会被搅成一锅粥。你将因此更加焦虑，然后，没等你反应过来，你就已经开启火力全开的恐慌模式，坠入“不适瘫痪”的地狱。

在短时高压的情境下，为什么直觉比理智更能拯救你呢？因为你的身体往往能够提早在你意识到之前就发现困境。我举个例子，

登录你的银行账号，这是一个相当简单的行动吧，然而，它充斥着害怕的感觉。当数据开始被下载到屏幕上时，我们都会屏住呼吸，担忧的情绪慢慢爬上心头，感觉嘴巴有点儿干，有时候我们甚至会有点儿眩晕。理性思维会告诉你：你发什么疯啊，为什么要有这些感觉？这只是一个屏幕，上面列了些数字罢了！但实际上没这么简单，而你的身体也很明白这一点。它明白：这些并不仅仅是屏幕上的数字，还是你现在和未来生活的代表。它们是一扇准确地记录下你在真实世界里表现如何的窗户——每次你将责任迎风抛去、不假思索、冲动地预支未来收入的行为都被记录在上面。这是一串诠释你真实本性的数字，令人难受。

正因为如此，你不能总是相信理性思维。它容易遭到篡改，可以按照意志来改编故事。它讲给你听的话，可能是你愿意听的，而不是你需要听的。此外，你的身体呢？你不可能操纵它对压力的反应，不能让快速跳动的心脏重跳一遍，也无法掩饰汗湿的手掌和渗出汗珠的上唇。

你的身体不仅比你的大脑反应更快，还是一个真相揭示者。你的直觉可以在纳秒级的时间内发现最微弱的视觉提示，你的大脑则需要更多时间。回想一下，你有没有试过在夜里走在一条漆黑的街道上，看见前面不远处有人在游荡？我打赌，你还没来得及想明白为什么之前，双腿就已经带着你横穿到马路对面去了。等你的理智想清楚这样做的原因之后，你可能会告诉自己以下几个理由之一：

·他是一个夜里独自在外游荡的男人——这从来都不是什么好兆头。

·他在往我这个方向张望——可能在打量我的包包。

·他穿着一件有兜帽的上衣。他为什么要穿兜帽上衣？而且还戴上了兜帽！

当然了，这些行为可能有很多解释。他有可能只是被锁在了自己的家门外，不得不在附近晃荡，等家人带着钥匙回来。他也可能确实是在看你，但只是为了看清你是不是他认识的人——毕竟他认识这一带的很多人嘛。至于为什么戴那个兜帽，天气很冷啊，他的耳朵快冻掉了。再说了，那是亚历山大·王的品牌上衣，本来就该戴着兜帽来穿！

这时候，你也许可以停下脚步想个明白，多花点儿时间把那个可怜的家伙看个仔细，然后做出一个更靠谱的判断。可是，时间很晚了呀，天色幽暗，而且，说真的，那样做相当诡异。再说，见鬼了，他可能也会过马路来。所以，你只有一件事可做——听从你的直觉。你的直觉说：过马路，立刻！

直觉有点儿像好莱坞经常找玛吉·史密斯来扮演那种“睿智的老婆婆”。它就是知道。而且，当你身陷困境时，它知道得最清楚了。

将直觉打磨得像飞镖投手一样精准

你有没有过这样的经历？参加面试时，面试官朝你抛出一个意想不到的难题；或者，发表演讲时，有人在背后质疑你。当时理性思维帮不了你，对吧？或者说，即使有帮助，也不够快。你的大脑需要时间来思考答案。在这期间，身体产生的各种奇特反应——脸部抽搐，瞳孔放大，湿冷的双手、额头、腋窝——已经开始暴露你的胆怯。

在YouTube里搜索“特蕾莎·梅”和“麦田”，见证一下政治历史上最悲剧的依赖理性思维的下场吧。在一次本该相对轻松的访谈中，主持人请特蕾莎·梅回忆她曾经做过的最淘气的事情。女首相的第一个本能反应是喊了一声：“噢，我的老天爷！”接下来，她的仪态就在主持人（以及数百万观众）的眼前悲催地崩坏了：嘴巴张大，肩膀垮塌，目光转到另一边，整张嘴扭成一团皱纹——我以前只在手偶上见过这样的形状。这一幕将人类的困窘表现得淋漓尽致，再没有比它更难堪的了。这也是特蕾莎·梅的政治生涯中最糟糕的时刻之一。从此，每当英国人看到麦田时，脑海里必定会浮现出年轻的特蕾莎·梅被一个端着AK-47步枪的农夫追赶，踩倒大片麦秆后逃跑的情景。

与之形成鲜明对比的是巴拉克·奥巴马。几年前，他在白宫遭到一位选民的诘问。通常来说，总统不可以跟选民争辩，甚至不可以要求把他们请出去（是的，就算遇见最狂躁的选民，也只有安保人员才能下令驱赶，总统不行）。但是，最终忍无可忍的奥巴马（脸上仍然挂着柔和的微笑）对诘问者说了一句："你现在可是在我的家里啊。"像劝诫一个在晚餐桌前吵闹的客人似的，礼貌而幽默地表达了这个意思：坐下，闭上你的臭嘴。听众都轻声笑了。奥巴马面不改色。到最后，奥巴马干脆打破常规，叫安保人员把那个家伙请出去完事。对奥巴马来说，那是最纯粹的直觉反应，没有公关或斯文加利[①]教他这样做。尽管他违反了总统的规则，然而在那短暂的不适时刻，那样做很合适。

所以，为什么有些人能引导自己的直觉，而有些人却当场愣住，傻等理性思维来救命？一位来自南威尔士的年轻消防员能告诉你答案。

* * *

关于这场火灾，她只知道两点：一、烧的是距离消防队不远的普通住宅，已经烧了一段时间；二、里面有人被困住。

涉布里娜·科恩哈顿在南威尔士的一个小消防队工作。她才24岁，就已经坐上了队长的位置。也就是说，这是她的工作，在她的地盘，由她来指挥。当其他消防员——比她年长的男性——依次攀

① 斯文加利：英国小说中的人物，可以用催眠术使人唯命是从。

上消防车时，她已爬到最前头的座位。

“好了，伙计们。这是一场住宅火灾，报告说里面有住户，但我们不知道有多少人，也不知道他们的位置。”

如果拉起警笛在车流中左冲右突，他们五分钟就能赶到火场，所以莎布里娜忙于给手下们布置任务。到了现在，她已经当了将近六年的消防员，然而每一次有新的火情出现时，她身体的反应仍然一样：嘴巴干涸，双手汗湿，心跳飞快，仿佛被困的蝴蝶般扑腾不息。

他们在着火的房子外面停下，这是南威尔士典型的窄阳台房屋。这场火灾与莎布里娜以往遇到过的许多火灾不同，有点儿特别：很安静，静得诡谲。既没有尖叫着求助的家庭成员，也没有人给他们指点最后看见过某个孩子的卧室窗户，更没有邻居来给她简单介绍一下情况，比如烧了多久，里面有谁，这个地方住着多少人。她没有任何情报，只有眼前的火焰，一团巨大、猛烈的火焰，已经吞没了整座房子。

报警电话说屋里有人。如果是真的话，他们几乎可以肯定里面的人被困住了，正在喘息，急需新鲜的空气。所以，莎布里娜要做出一个决定：派队员进去尝试拯救里面的人；或者，保护好自己的队员，暂时不让他们进去，先把火情控制住，并且承担后果。时间一秒一秒地过去。理性思维根本没有足够的时间来做决定。她站在那里，左右为难。队员们已经戴好呼吸面具等候指令，她必须做出决定。而那个决定，来自她的直觉。

“最后，我决定不派人进去。”她告诉我。她长得漂亮娇小，握起手来却像个职业摔跤手。“那是一场冲天大火，浓烟从楼下、楼上的窗户往外涌出。楼上着火，意味着它已经连续燃烧了30分钟以上。到了那种程度，里面有人生还的可能性已经微乎其微。”所以，派她的队员进去就是要他们冒生命危险。她的决定是正确的。

“谢天谢地，结果发现里面并没有人。可我们当时并不知道啊。”她对我说。我们坐在伦敦消防总队里，她如今是首都消防总队长副助理。2017年6月14日，位于伦敦诺丁山的格兰菲尔塔发生了一场英国史上最具毁灭性和争议性的大火，而莎布里娜是在火情早期被派往现场的消防队队长之一。

我们的直觉反应速度极快，所以像莎布里娜这种在时间意味着一切的高压情境下工作的人，接受的教育就是要信赖直觉。那么，直觉究竟有多快呢？科学家发现，你的本能只需要十分之一秒的时间就能对刺激做出反应。也就是说，你尚未意识到自己的大脑收到了什么信息，就已经做出了决定。当你处在时间紧迫的困境中时，这正是你需要的能力。

在一次针对快速决断的研究中，参与者在一秒钟内回答一个视觉问题的正确率是95%，可是如果给他们更长的时间，正确率反而降到了70%。纯粹是碰巧吗？不完全是。研究发现，花费更多时间去做决定的人，反而会受到太多信息的干扰。这有点儿像是，当你走进星巴克的时候，本来打算只买一杯加热的脱脂拿铁带走，可是，等你站在店里抬头望向价目牌时，发现自从上次来过以后，那上面又多了79种咖啡选项，你顿时陷入“星巴克瘫痪”。你站在那里，无法做出这“生死攸关”的选择。咖啡师望着你，手中的记号笔摆好了姿势。你身后的人开始深呼吸，朝你的耳孔喷气。

既然直觉在大多数时候都正确，我们为什么要如此怀疑它呢？为什么要把它跟梦境、巫术等摆在相同的位置呢？我曾经见过，当同事说他们的决定来自原始的直觉时，有些人会翻白眼，脸上露出假笑。事实上，自主神经系统（指植物性神经系统，包括交感神经系统和副交感神经系统，它调节着人体内从心跳速度到性欲频率的一切）拥有的神经元数目比整个中枢神经系统更多。这种现象能在一定程度上解释为什么很多人将直觉说成“第二大脑”。（“直觉”[①]这个词有时可以用来指五脏六腑，会让某些人感到不快。而它的同义词“本能”则常常以肠胃的反应表现出来——翻腾、难受的晕船感，但直觉又并不完全是身体的本能反应。）

可是，为什么有些人的直觉如此准确，有些人的直觉却错得离谱呢？你能将自己的直觉打磨得像飞镖投手一样精准吗？答案是可以。你一旦掌握了方法，就能在最险恶的不适区中扬帆前行。

* * *

① “直觉”：这个意思的原文可以是gut，也可以是instinct。前者还有“内脏”“肠子”等意思，后者还有“本能”“天性”等意思。

将莎布里娜做决定的那部分内容重新阅读一遍，看看她的反应是多么有系统，留意其中的推理是多么理智吧。乍一看，她的决定像是凭直觉做出的，实际上是针对现场的状况，以大量知识——反复经历类似场景而积累下来的知识——为基础做出的。这种现象被称为“模式识别”。任何人都能建立自己的知识库，做出更准确的直觉判断。在你生命中的某个时刻，你可能已经做过这样的事情。

举个例子，如果你是旧物爱好者，那么你可能习惯逛车尾箱大甩卖，或者到慈善商店的货栏里淘货，以至于你经常只需要在一家店里待几分钟，就能判断出里面有没有值得买的宝贝。这就是一种“直觉”，或者至少是你以为的直觉。但实际上，这是因为你过去淘旧物所花费的那些时间已经帮你练成了对任何旧货市场进行“薄片分析”的能力。“薄片分析”大体上就是指你的大脑对现状进行类似超声波扫描分析的能力，而且往往在你还没意识到之前就已经做完了。它就像一种魔法，能够评估现场，而且十有八九能帮助你做出正确决定。

现在，我知道你心里在想什么：给我来点儿薄片分析的神秘魔法吧。你想要这种能力，很正常。当莎布里娜面对南威尔士的那场大火时，她就对全局进行了薄片分析。我在舞台上时，也在无意识中对现场做了同样的事情。为什么？因为我们都曾经历过相似的情境。但我得承认，我以前演讲时观众比现在少得多。

“可以确定的是，适用于那个‘特定火场’的基础知识库里一定包含很多因素，只是没有一个能清晰到让我想明白。”莎布里娜对我说，“但是几乎可以肯定的是，它们包括我参与过的其他救火经历、观察别人在那种情况下做出过的决定、他们使用过的策略等。”

我的经历与此类似。虽然我以前当众发言时观众人数最多只有50个，但是在那次之前，我曾有过无数次的经验。因此，“熟能生巧”这个成语只对了一半，因为它的意思是，你必须一次又一次地重复做同一件事，才能达到精彩绝伦的程度。可是根据我和莎布里娜的经验，根据警官们、政客们和各种意见领袖们的经验，你不需要一次又一次地重复完全相同的难受经历来养成精准的直觉，只需要体验过大致相同的困难经历就可以了。

“有人曾经对我说，你可以用20年时间来做同一件事，也可以用一年时间来做20件不同的事，”莎布里娜说，“你的经验越多、越丰富，你的直觉就越准确。”

所以，这究竟是什么原理呢？好吧，人类的大脑善于寻找模式。它能想明白，你面对3位陌生人演讲时用到的技巧，可以再次运用到面对2万人的大舞台上的演讲中。

它能想明白，你为伴侣庆祝生日所创作的搞笑小曲里，有3个重复的音调可以用来写成一首优美动听的歌曲。它能想明白，你上次被迫跟本地街角小店的疯子经理单独谈话的经验，可以用来对付狡猾的首席执行官。它就是这么聪明。你只需要给它提供材料。

换句话说，你需要将自己投入各种难受的情境中。它们可以很重大，也可以很琐碎。重点是，你需要经历，才能帮助自己构建一个模式，才能在遇到真正困难的境况时用得上。在经历的过程中，你的大脑默默地建造着日后所需的模式。正是这些模式磨砺了你的直觉。聪明的做法是，主动去经历一系列低难度的考验，你收获的经验最终将会帮助你在高难度的考验中拔得头筹。

假设你的困难情境是在陌生人面前发言，那就先从少数听众开始。你要抓住一切能在新听众面前发言的机会，也许是在下一次圣诞节的全家聚会上发表祝酒词，也许是与三四个同事共进午餐时说一段离别感言。每一个细微差别、每一个笑容、每一次犯傻，都会被大脑处理并储存起来，用于打磨你的识别模式。尽量经常发言，并且将注意力集中在你感觉最为困难的部分：是一开始如何抓住听众的注意力，还是当笑话落空之后该怎么做？写下来，下次发言时重点关注这些地方。你的技巧会变得更加熟练，关于在这些情境中如何行动的直觉也会越来越敏锐，反过来说，你也将越来越迅速、自信地运用直觉。

至于我，我已经计划明年回到同一个舞台上去表演了，只不过，下一年的组织者告诉我，有6万听众。

Chapter 6 >>>

悦纳反馈：改变人生的工具

大多数人一辈子都在编造一个关于自己的故事：我雄心万丈，我平易近人，我勇往直前。我们会寻找各种能够印证自己这个形象的标志和迹象。这很好……如果你打算在完全与世隔绝的环境中度过余生，没有人挑战你的观点。可是，你如果想继续前行，就必须再次闯入不适区，去学习如何接纳反馈。

将挨批的苦涩转化为事业的转折点

几年前，我入住一家打广告宣称自己拥有跑步俱乐部的酒店。我有几个小时可供消磨，结果差点儿把早餐吧里的东西消灭光了。我感到内疚，于是去报名参加跑步俱乐部。又过了几个小时，我来到俱乐部，发现只有我和跑步教练两个人。教练是个年轻女孩，不到20岁，从锁骨到脚踝都套在一件完美的莱卡运动服里，脚上蹬着一双白得刺眼的跑鞋。

“嗨，你好！”她喊道，声音里透着过分的热情，极度渴望用自己的嗓音来弥补缺少学员的尴尬。

“好了，今天就只有我们俩。”她龇着牙露出假笑，“我们有两个选择，要么按照我为今天的学员们计划好的路线来一次环岛跑，要么……”说到这里，她两眼放光，“我们可以使用那边的跑道，让我来观察一下你的跑步技巧，然后再出去跑！”她望着我，那眼神就跟我家小狗看到我穿鞋子时的眼神一样。

观察我的跑步技巧？跑步这种事，只有能跑和不能跑两种差别，不是吗？这有点儿像某些人喜欢在派对上展示的那种将舌头卷成肉乎乎的雪茄烟形状的技巧，要么会，要么不会。再说了，我是个相当出色的跑手。11岁的时候，我就是郡里的100米赛跑冠军。

我从个头跟大人膝盖差不多高的时候到现在，一直在跑步。跑起来的时候，我的双手像铁板似的平整而僵硬，我的膝盖抬得很高，我的步伐长而有力。我不需要别人教我怎么跑。可是话说回来，我为她难过，因为我大概是她这个季度里唯一的客人。

“那好吧，”我说，“你可以看看我的跑步风格。”于是，我俩出发了。她先让我顺着跑道来回跑，每次从她旁边经过时，她都在记笔记。有时候她会皱一下眉，有时候则是赞许地点点头。这感觉真是非常古怪。当我终于停下来，喘着粗气，大汗淋漓时，她对我说了以下的话：

你的手肘在跑步时会往外撑开。它们应该保持紧贴身体的姿势。

你有没有意识到，自己跑步时眼睛盯着地面，而不是前方？

噢，你还有点儿扁平足——脚板会在地面上摩擦，这样会大大增加跑步的难度。

最后一点……你的膝盖往内弯。你跑完步以后会觉得膝盖不舒服吗？（答案是：会的，而且好多年了！）

清单一直往下列，每当听到她增加一个新的观察结果时，我的下巴就往下掉一点。可是，重点在于，尽管我尴尬地认识到，自己在过去25年的人生中基本上就是在用散养小鸡的方式跑步，但这一切——她告诉我——都是可以调整过来的。“事实上，”她像是要跟我密谋似的凑过来，“这节课上完，你就能看到变化。”她说得对。接下来的一个小时里，我牢记她告诉我的每一个错误，用一种截然不同的方式跑步。我抬起脚，留神膝盖，边跑边直视前方，同时手肘尽量贴住身子——以至于担心会把皮肤磨坏。

那效果真是不可思议啊！我感觉自己的双脚有一种全新的轻快感。我从来都是一个短跑选手，在短距离的赛跑中动力十足，却一直认为自己跑不了10公里以上。可是在那堂课之后，我开始跑更长的距离。如今，我可以跑上数英里，膝盖也不会再有灼痛感。想想吧，这一切之所以能发生，是因为我替那个女孩感到难过，所以花费了一个小时，去听取她的反馈。

为何要爱批评你的人

听到“反馈”这个词的时候，你联想到了什么样的场景？是不是对面坐着表情严肃的职场经理，你俩之间放着一张A4纸，上面将你的整个职业生涯与人力资源部门制定的绩效评审表格一一比对？或者，你也许会想到可恶的同事，“乐于助人”地对你在工作中的每一个错误主动提供“反馈”？很少有人会把这种反馈看作积极的、改变人生的工具，然而，它是现有的最简单、颇有改造能力的工具之一，难点在于：它只有在正确的时间与正确的人一起时，才能发挥改变的效用。

我们的文化在反馈这方面是退缩不前的。我们不喜欢给别人提意见，也非常不喜欢收到它。多数人都是在父母的过度赞美下长大的。我们的父母受到的教导是：要鼓励孩子！要振作他们的精神！只能说他们的长处，好让他们踩着自信和自尊的风火轮在人生的道路上呼啸前进。如果你非要给出批评性的真实反馈，那么，你至少得找三个优点来做缓冲。这些话听着耳熟不？你肯定听过这种言之凿凿的大话吧？我知道自己是听过的。我听过，而且，很惭愧地，曾经有好几年都试图对其他人宣扬它。

我们不喜欢反馈还有另一个原因：它揭示真实的自我。与我们在第二章里讨论的障碍相似，反馈提供了一个直接通往你弱点的传送门——并非人人都想穿过它。实情是，大多数人一辈子都在编造一个关于自己的故事：我雄心万丈，我平易近人，我勇往直前。我们会寻找各种能够印证自己这个形象的标志和迹象。这很好……如果你打算在完全与世隔绝的环境中度过余生，没有人挑战你的观点。可是，你如果想继续前行，就必须再次闯入不适区，去学习如何接纳反馈。

* * *

2010年，世界各地的人都在吃一种难吃的比萨，饼皮像纸板，酱料散发着番茄酱的刺鼻酸味，芝士跟塑料一样厚实，简直像是从科学实验室里做出来的一样。生产出这种比萨的公司叫什么？达美乐。

那一年的3月，47岁的帕特里克·道尔即将接任该公司的首席执行官。他是伴随着达美乐一起长大的。和很多人一样，他还记得，每当自己看到那个水鸭蓝色的盒子被送到家门口，大伙儿充满仪式感地打开盖子，露出里面那个热气腾腾、饼底柔软、铺满芝士和番茄酱的比萨时，那种兴奋的感觉。可是等到他坐进总裁办公室时，这比萨看起来、尝起来都跟他的记忆大相径庭，而公司正在为此付出代价：销量下滑、股价持续低迷，在消费者针对快餐食品的口味排行中倒数第一。

问题出在哪里？他们连续多年在比萨外送服务方面投入巨资（比萨外送服务是达美乐在20世纪60年代首创的），然而在那期间，他们完全忘记了比萨这一行的核心：味道。也就是说，到了2008年，达美乐没有粉丝，没有忠实客户，除了回归本原，痛苦并长久地反省过去的做法，别无选择。

他们并没有找个会议室将高管们聚集在一起讨论应该怎么做，而是直接去询问给他们做出最严厉反馈的人：客户——从棒约翰、小恺撒和必胜客订购比萨的同一群客户。

他们从美国各地找来数十名曾经的达美乐粉丝，聚集在一个房间里，请他们吃比萨，并且将试吃反应全程拍摄下来。客人们的反馈令人心碎。“这味道很次，转头就忘了。”一个试吃者说。“达美乐的饼底跟橡胶一样。”另一个人说。负面评价一个接一个，没完没了。

这些话听着太扎心了。道尔和他的团队虽然知道自家比萨不好吃，却没想到会差劲到如此地步。于是他们开始动手彻底改造比萨。“很次”“橡胶”等字眼一直在他们的耳边回响。

这时候，我知道你心里想什么：到此为止都没什么特别的嘛。那些公司经常召集“焦点小组”（本质上就是随机选来一群陌生人，聚集在一个房间里，仔细评估你的产品）。不过，达美乐的独特之处在于：将针对他们比萨的反馈做成了市场营销活动的重要组成部分。他们在一个电视频道上播放客户对其产品的一致批评（达美乐把这个活动称为“比萨逆袭战”，至今在YouTube上仍然能找到那段视频。我可以在这里等，你先去看看吧）。不止如此，为了展示他们有多么重视客户的反馈，他们接下来将改造过的新比萨送到批评最严厉的客户家里，进行第二轮试吃，拍摄全程，作为“比萨逆袭战”广告的一部分。

这是一个很冒险的策略，但是因为达美乐专心致志地聆听客户的意见，所以他们满怀信心地认为，这次一定会有好结果。你猜怎么着？他们成功了。先前还说这家公司“完蛋了”“他们的比萨像‘橡胶’”的同一批人，在镜头前对新产品赞不绝口。

3个月之内，达美乐的股价节节攀高，逆袭战之后的比萨销量如同乘着火箭似的飙升，战役后第一个季度的同店销售额打破了行业所有纪录。

达美乐如今被视为各行各业的历史上逆袭最成功的公司之一。是因为侥幸，还是因为他们敢于闯入批评反馈的不适区，才实现了目标？为了找出答案，我们需要跟那些每天都在逼迫人们投入反馈的人谈一谈。

踏入反馈区

塔莎·欧立希是一位反馈专家。大部分日子里，你都能看到她和某位眉头紧锁，不知道自己错在哪里的首席执行官坐在其办公桌前，面带亲切、温暖的微笑，将答案告诉他。

但她并不总是因此而受到欢迎。说到底，没有人喜欢听别人指出自己工作上的不足，不论用什么方式都一样。那些顶级游戏玩家尤其如此，毕竟，如果他们需要改进，那么一开始是怎么坐上老板的位子的呢？

塔莎经常看到这种困惑。她成为组织心理学家已经15年了，飞遍全世界，与各种从未收到过反馈的领导们合作。这个问题不仅涉及领导本人，还与他们率领的员工以及公司有关。

“有些人会借口说自己在等反馈，所以不去主动寻求意见。使用这种借口的人太多了。”她对我说，“他们常常这样想：既然没有人给他们指出问题，他们就应该没有做错任何事情。举个例子，我曾经辅导过一位50多岁的男士。从任何方面来看，他都是一个糟糕的领导。当我给他提供反馈的时候，他回答的其中一句话是：‘我这二三十年里一直都是这么干的，怎么从来没有人告诉我呢？’”

原因是："反馈区"是一个困难而且可怕的地方。"出于同一个理由，我们既不会主动寻求反馈，也不会自愿提供反馈。"塔莎告诉我，"这种本能可以回溯到人类以采集、狩猎为生的群居时代，逐渐进化至今。换个新潮点儿的说法，万一被群体投票赶出岛外①，我们很可能就完蛋了。因此，我们进化出很多社交技巧。首先，我们不想在一个讨厌我们的群体中学习。其次，其他人也不想动手摇晃自己乘坐的船。于是，我们心照不宣地忍下去了。这样一来，我们就无法得到能够帮助自己更加成功的反馈。"

我们可以从体坛找到绝佳的例子来说明反馈能锻造出更优秀、更强壮、更成功的个体，比如网球选手。当今最著名的几位网球选手，也是网球史上年纪最大的选手。罗杰·费德勒是网球界最灵巧、技术最高超的选手之一，也是最年长的一位。2017年，费德勒成为获得温布尔登网球锦标赛的最年长网球运动员。看看如今顶级赛事上的那些网球精英选手的年龄吧：安迪·穆雷30岁，约尔根·梅尔泽36岁，塞蕾娜·威廉姆斯37岁，她的姐姐维纳斯·威廉姆斯38岁。30年前，网球选手在赛场上拼搏差不多10年，就会被视为"老兵"，要不然就是"过气了"。可是现在，世界上最顶尖的选手也是最老的参加过大满贯②比赛的选手。这是怎么回事？难道

① 投票将某个群体成员赶出岛外，是电视真人秀节目《幸存者》的游戏规则。
② 大满贯：Grand-Slam，此处表示获得温布尔登网球锦标赛、美国网球公开赛、法国网球公开赛、澳大利亚网球公开赛的冠军。

仅仅是巧合吗?

答案是：反馈。上面提到的所有选手，都是在一个以精英教练为标配的时代里成长起来的。也就是说，这些选手之所以能把球打得更出色、更长久，是因为他们能够不断地从反馈之中受益。事实上，精英教练制度的诞生，也许是如今的男女运动员能够比前辈们更加优秀（运动生涯也更持久）的关键因素之一：不是因为他们更有天赋，而是因为他们一次又一次地被推入难受的反馈区。结果只有一个：更卓越。

教练的力量

今天的我们也许已经见惯这样的场景：比赛后的运动员身边围着一群身穿休闲装的教练，在他们的耳边轻声说着话。但这样的情景并非从一开始就有。

在20世纪70年代，夺得温布尔登锦标赛冠军的网球选手是天分最高且练习最多的人。很简单，因为比赛的时间更短。但运动员身上的伤更多，职业生涯在27岁左右便会终结。到了80年代早期，情况开始发生变化。教练出现了，其中很多人甚至不是退役选手，而是从事教练工作多年的人。一些资深选手开始与教练紧密合作：吉米·康纳斯、玛蒂娜·纳夫拉蒂洛娃和约翰·麦肯罗。然后，神奇的事情发生了：他们开始进步。不是微小的进步，而是显著的进步。他们发球更凌厉，反手抽击更迅猛，耐力水平也更高，比以往任何时候更出色。

到了现在，世界最顶尖的选手都会聘请“超级教练”——转行当职业教练的前任网球冠军——来指导自己，因此得以拥有比数十年前的同行更长久的职业生涯，参加花样更繁多、对身体要求更高的比赛。这些教练不仅掌握完美的比赛技巧，还拥有绝佳的理解能力。安迪·穆雷聘请温布尔登锦标赛的前冠军伊万·伦德尔做教练后，也夺得了温布尔登锦标赛的冠军，并且登上世界排名第一的宝座。斯蒂芬·埃德伯格帮助罗杰·费德勒在30多岁的时候夺得11个锦标赛冠军，而诺瓦克·乔科维奇与鲍里斯·贝克尔——17岁就成为温布尔登锦标赛上最年轻的冠军——合作3年，在他的指导下赢得6次大满贯。

一个人能让另一个人的表现产生如此大的变化吗？答案是“能”。由公正的第三方持续对选手的一切表现——从握拍子的姿势到凌空截球时如何呼吸甚至思考——进行反馈，对选手的表现有显著的改进作用。

如今教练已经成为一门大生意，指导职业的、指导各种运动的、建立自信的、帮助减肥的，应有尽有。他们都是被雇用，为客户提供分析反馈的人。不论是在健身馆里的动作（私人教练的工作当然不仅仅是鼓励，还包括经常给予反馈），还是在办公室里的举止，很多人仅仅因为请了教练来给自己的表现进行反馈，就能获得大幅度进步。

我有朋友就曾经因为职业教练的助力而在职业生涯上脱胎换骨。举个例子，我的一位朋友不论从哪个方面来看都是出色的领袖人物，但缺点是被人惹怒之后无法隐藏自己的情绪（她的教练指出，她发火的频率是每小时一次）。可是如今的她，平静克制得像个喇嘛，接受教练指导6个月之后，她在工作上获得了一次较大的晋升。

不过，我听到你的心声了：谁请得起教练啊？谁有那个时间啊？再说了，我们就坦白一些吧，除非你处在首席执行官的顶层位置，不然聘请教练这事听着确实有点儿夸张，尤其是，如果你跟世界上大多数人一样早在发薪水之前的几个星期里就已经透支。

好消息是：其实大多数人的身边就有教练。此人拥有不偏不倚地检视我们的行为和表现的罕见能力，可以提供给你需要的反馈，不需要花费你很多时间，也不需要你支付报酬，完全免费，最大的好处是，还能增进你和此人之间的关系。那么，这位神秘人物在哪里呢？你很可能已经认识他了。

反馈教练

2016年，全球各地的运动员们登上飞往巴西的飞机，去参加里约热内卢的夏季奥林匹克运动会。大多数选手都受到过无微不至的指点：过去的一年里，教练们花费大量时间站在旁边，公正地观察、分析他们的技巧和表现，然后给出建议。选手们已经做好准备，或者说，至少已经竭尽全力地做好准备了。

然而，数周之后，在同一批运动员中，将有很多人空手而归。另一些与他们在同一个竞技场、按同样规则比赛的人则抱回奖牌。当然，多数情况下，获胜的运动员更优秀、更有天赋和经验，人们也能接受这样的结果。可是有时候，胜者与输者从记录上来看，技巧、天分和训练都相同，为什么结果会不同呢？

这正是威尔士班戈大学的研究人员已经调查许久的问题。他们想知道，相同的两组精英运动员（同样的经验、同等的天赋和一样的训练时间），是什么因素导致一组人能获得奖牌、另一组人却一无所获呢？换句话说，是什么造就了超级精英运动员？很多人相信，答案在于他们所接受的教练风格。

面对提问，所有运动员都说他们从教练处获得了足够的技术支持，但超级精英运动员还能从教练那里获得强有力的情感支持。换句话说，后者的教练扮演着类似“代理”父母的角色，鼓励并提供关键反馈。此处我们要再次引用塔莎·欧立希的话。你当然可以从任何人、任何地方得到反馈，但是最棒的反馈来自她所描述的“关爱批评者”：“当我们主动询问反馈时，得到的回答不会比自己所担心的更糟。用正确的方法去问正确的人，你是不会遭到攻击的（尤其不会是人身攻击）。”

在塔莎的优秀著作《洞察》（*Insight*）中，她研究了数十名卓越的领袖人物。她发现，最能干的领导们，不出所料，就是那些能够经常寻求反馈的人。不过，她最感兴趣的是，他们究竟是从什么人那里听取意见的。

“在我（对这些领袖）的研究发现中，有一点令我惊讶：与我的猜测相反，他们对寻求反馈的对象非常挑剔，大部分人愿意咨询的对象屈指可数。你必须非常确信，你的咨询对象是真心实意地为你的最大利益着想。毕竟，并非所有人的反馈都是为了帮助你。”

从不怀好意的同事或者某个毫无头绪的人那里，你得到的有可能是“无益的”反馈。假如你遇到过这样的情况：某个远亲或者久未联系的朋友，对你的工作环境与工作方式毫无了解，却突然跑来干涉你跟同事相处的方式，那么你就能明白我的意思了。

塔莎说，为了得到公正的、优质的反馈，你需要这样的人：不仅真诚地关心你的最大利益（不，这人不是你的母亲），还需要有足够强大的意志，从情感上与你隔离，才能给出恰当的批评性反馈。她把这样的人称为“关爱批评者”，而我则把他们称为“反馈教练”。

我在工作中就有这样一个人。她和我在同一个办公室，因此对我所处的行业有所了解，但我并不会每天都跟她一起工作。她算是我的朋友，对的，但不是特别亲近。她性格强硬，公司里有人说她诚实到“无情”，但我从过去的经验中得知，她真心为我的最大利益着想。所以，当她给我反馈时，我知道她没有任何恶意。我还知道，她的建议只会带来非常短暂的苦涩。每次她要我坐下时，我都会确保自己手里拿着一杯茶和一个笔记本，因为当她对我说“你知道自己有时候给人感觉有点儿苛刻吧？”之类的话时，它们能帮助我扛过几秒钟的难受时间。

正如塔莎所说：“关爱批评者是最好的选择。你如果从他们那里得到反馈，就应该去进行调查。你如果从其他人那里得到反馈，就应该拿去跟你的关爱批评者讨论。”

如何找到你的反馈教练

读到这里，希望你已经明白反馈的重要性了。下一步，去找能够给你反馈的人呗。

规则第一条：不论你的母亲、姐妹、伴侣如何出色，他们都不是你的反馈教练。他们在感情上与你太过亲密，很难做到彻底中立。或者，记住一条更简单的规则——如果这人曾经在你生命中的任何时候见过你脱衣服或者坐马桶，那他们就不是这份工作的适合人选。你应该考虑已经认识至少两三年以上的朋友或者同事。你需要一个了解你的人，因为他们的反馈至少要以现实状况为基础。举个例子，建议一个性格内向的人在社交场合中更多、更响亮地发言，根本就是废话。理想状况下，此人在工作内外都能理解你，或者找两位反馈教练也是可以的。

还有，你可以考虑自己希望能够进一步了解的人。在指导的过程中，你们可能会变得非常亲密（不，别想歪了），无可避免地拉近你们之间的距离。所以，一位已经认识数年的朋友或者同事，总是值得一试的对象。塔莎的关爱批评者是一位名叫迈克的老朋友，不仅关心她，而且更关键的是，能对她直言。“他曾经告诉我，‘塔莎，我喜欢跟你面对面相处，但我讨厌跟你在线上交流’。这是一个可实行的建议，我因此意识到，不能将自己的Facebook主页当成工作成就清单。哇，我从没这么想过！”

如果你想改进自己的工作，那么同事会是理想的人选。不过，我有个建议：别挑选直接向你负责的人。直觉告诉我，这样做会混淆上下级的关系。某人刚刚说你领导无方，说得你泪眼模糊，然后回过头来你想管理他就会非常困难。真的，这是常识，不是随口胡说。你也不应该找以前跟你一起工作的人。人们换了工作之后，在新的环境和责任下会有不同的做事方式。虽然有时会有相似之处，但是以我为例，做总编的时候跟做产品总监的时候，压力点和要求都不同，我的做法肯定是不一样的。

我建议：来自另一个部门、与你合作的同事，是明智的选择。他们应该对工作时的你有所了解，但不会太深入。而且，我说过了，绝对不要找见过你脱衣服的人。

接受反馈

让我们花一点时间来讨论一个大家都心照不宣的问题吧：没有人愿意做这事。接受反馈，即使来自一个你真心喜欢的人，也是很困难的，感觉如同往晒伤的手臂上滴热蜡。你必须逼迫自己。我这样说是因为，最初的几次，你可能会试图推迟安排好的反馈会面。我知道，因为我就试过跟自己的教练提议改期。这是人的天性。人类的大脑会保护自己避免两件事：曝光和指责。你一口气想克服两种天性，很困难——刚开始是的。

我的建议是，你们两人一开始先商量好一个时间，比如，每隔几个星期见面30分钟。事实上，这些会面不需要很久。而且我建议，随着时间的过去，会面的时长越短越好，但你只能在适应了听取反馈时的苦涩感觉之后，才能缩短会面时长。关键要记住，难受很短暂。当反馈教练指出你的个性或者工作表现上存在某种不足，而你发现自己直到此刻之前都没有察觉到时，大部分情况下，难受的感觉只会持续数秒。你越习惯这种感受，就越容易处理它，以至于很快就能如同呼吸一般轻松地接受反馈教练给你的反馈了。

还有一点值得记住：你并不需要余生都进行这种咨询，不过，如果你陷入某种困境，那么你也许希望能与反馈教练保持咨询关系，至少直到你感觉自己能成功脱离困境为止。在那之后，多数反馈教练仍然会与你继续交往。当你有需要时，还是可以去找他们的。而且，希望将来某一天，你也可以报答他们的恩情。

下一个问题：在哪里咨询呢？这个嘛，其实看你自己。但是，不需要太正式，你需要一个足够轻松的环境来接受教练们的意见。我还觉得，在公共场合比较好，因为它会迫使你认真聆听，就算不同意也不能突然站起来离开，或者更糟糕的，与教练发生争执。塔莎建议吃一顿“真话晚餐”，大概的意思就是，找个能让你足够放松地理解对方言辞的地方，吃一顿便饭。

我的做法是找一个咖啡香浓、灯光宜人的小咖啡厅吃一顿早餐。毕竟，既然需要忍受一次自我拆解，你会希望自己的心情尽可能处于最佳状态。早晨对我来说是效率最高的时候，因为还没被一天的工作累坏。我相信，你需要精神处于最佳状态，才能完全吸纳反馈。（在办公室里忙碌了一天，已经被老板骂了好几回之后，还去听反馈吗？馊主意啊！）

你想要怎样的反馈

要明确

如果你的提问模糊而宽泛，比如“我想听听针对我的领导风格的反馈”，你就会得到模糊而宽泛的回答。你要清晰地知道自己到底想要什么，比如“我觉得自己批评员工的时候，说话有点儿太重了，你说呢？”这样会使你的反馈教练更准确地反馈这方面的情况。（如果你是一个非常有条理的人，每次可以提前几天将自己想聊的话题告诉反馈教练，好让他们有时间仔细思考。）

要简练

人类的心灵能够承受的坏消息是有限度的，所以呢，对自己要手松一些。别指望你的反馈教练给你来一次所有缺点的彻底检阅，因为你会觉得沮丧万分，而他们会觉得自己是个大混蛋，你们俩可能会因此绝交。所以，请他们针对你某方面的表现给出三个例子（正面或负面的）就好。这个数量不仅适合他们详细陈述，也适合你进行改进。这些例子可以是关于你在工作中批评下属的方式，也可以是关于你在听众面前发言时的表现。总之，重点是：一次不要聊太多。

要坚强

你不是去为自己辩护的，而是去聆听的。当他们给你提供反馈的时候，你要面带微笑，点头，表示你在专心听取他们的意见，心怀感激，甚至心都快被融化了。要知道，这事对于他们来说同样困难，你希望他们能对你尽量敞开胸怀。他们只有觉得安心，才会继续给你反馈。换句话说，他们的感觉越舒适，你的感觉就会越难受。不过，只有一开始会这样，以后你会越来越轻松的。相信我。

要全盘接受

把对话录下来通常是个好主意。我知道……这种做法听着有点儿诡异，但我们在边听边记的时候常常会漏掉最微小的细节，而事后将谈话回放几次，可以帮助我们吸收全部信息。

要道谢

噢，对了，不论你有多么讨厌他们对你说的话，一定要记住，他们说出来跟你听进去一样困难。你要感恩，要微笑。处理好所有反馈之后，你要给他们送花，夹一张认真书写的字条——通常第二天是合适的时间。他们能从你这里得到的最佳反馈就是：你听进去了。

Chapter 7 >>>
从约束中寻找灵感

无论是怎样的限制，你务必警告那些受限制的人，他们将会感觉像撞墙一样难受，仿佛要被拖进不适区，而这个时候——你必须提醒他们和你自己——绝对不是放弃的时候，而是放飞想象力的时候。

为何困难能激发你的创意

一般的假设是，有些人天生拥有创意十足的思维，有些人则没有。在我的成长过程中，我的大姐似乎总是家里“有创意”的一个人，能写出天马行空的精彩故事。而我则相反，是做事更有条理的一个人。我的主意总是来得很慢，而且几乎总会遇到某种困难。因此，大家认为我拥有更“善于分析”的思维。所以，有很多年我都以为自己适合做律师或者会计。传媒业是一个高度依赖创意思维的行业，根本不在我的考虑范围之内，直到许多年之后。

今天的我是一份杂志的总编。我的谋生手段就是各种点子，因此我每天都要想出人们以前从来没有听说过的各种新奇的主意（或者说，至少这是我努力在做的事）。从理论上说，你也许可以形容我“有创意”，但真相是，我没有——反正不是传统意义上的那种创意。我仍然无法从虚无中变出一个想法来，也不能在短时间内想到什么高大上的主意。（讨厌的是，我的姐姐仍然能做到。每次见到她，她总能冒出7个新的生意点子来。）

但是，从理论上说，我确实也有创意。只不过，我的创意是通过另一种途径获得的，那也是很多人能够写出优秀著作所使用的同一条途径，也是世界上许多著名的创意大师想出精彩点子所使用的途径，它还是通往不适区的途径之一。在不适区中，压力升高，约束增大，我们被迫深挖内心寻找灵感。作曲家伊戈尔·斯特拉文斯基曾经说过：“一个人受到的束缚越多，就越能解放自我……”这句话适用于每一个人，从电影导演到伟大的画家，再到音乐家，甚至杂志编辑。

还记得我跟你说过，《女性健康》是如何在资源紧缺、只有两名员工的条件下创刊的吗？我一点儿都没有夸张。我从到达办公室（就在牛津街不远处的一个密室里）的第一天，就面对着8个星期的期限、一支跟我一样零经验的团队，要创办一份全新的杂志。资金、时间和人手的限制，逼迫我们发挥出更大的创意。

我永远不会忘记那一次：我们需要一张图片来给一篇关于胸部健康的文章配图。这种图片大多数都是高档时尚风格，因此价格无可避免地高得离谱。我们怎么办呢？我们让实习生穿了一双肉色的鞋子，裸露膝盖，坐好，让鞋子尖刚好从膝盖下露出，然后用俯瞰的角度给她的膝盖拍了一张照片。想象一下那张照片的样子吧。明白没？我们将那张照片尽量放大，横跨页面，做出了一对巨型裸露乳房的效果。这主意大胆而搞笑，为我们那段日子接下来如何处理图片问题定下了创意基调。

困难能发挥的作用之一就是，逼迫你做出决定。当环境舒适时，你会权衡所有选项，但这种做法往往会致命，因为选择一多，就会眼花缭乱，最后你多半会选择最常规的选项。常规当然很安全，也很舒适。然而常规做法很少能激发真正的创造力。这是因为，真正的创造力需要创意，而创意往往来自困境。

* * *

从毕尔巴鄂和阿布扎比的古根海姆博物馆，到欧洲的迪士尼乐园，再到Facebook的西园区，都是由弗兰克·盖里一手建造的。这位加拿大建筑师被视为当今世界上最有创造力的先锋之一，他的每一座建筑都体现出了奇思妙想，对游客具有巨大的吸引力。但盖里的设计并非凭空而来的。他有句名言，说他参与过的最困难的项目就是客户没有给他提出任何约束条件的项目。

“那一次可把我愁坏了，”他说，“我必须经常照镜子，自问‘我是谁？我为什么要做这个项目？这一切都是为了什么？’有难题更好办，”他解释道，“我们可以将那些约束转变为行动。”

洛杉矶城区的华特·迪士尼音乐厅能清楚地证明这一点。它是建筑史上卓越的成就之一，坐落在南大街111号，如同一个被金属薄片覆盖、向内翻转过许多层的巨型口香糖。它获得了无数奖项，成为世界各地数十座建筑的灵感之源，其中就包括盖里自己在毕尔巴鄂建的古根海姆博物馆。然而，它曾经受到各种难题的制约。

第一个难题是：预算不够。那座建筑是为了致敬已故的华特·迪士尼对艺术创作的热爱而建的。他的遗孀莉莲·迪士尼出资5000万美元。然而，光是地底的车库就需要1.1亿美元。盖里不得不重新审视最初的方案，抛弃原来计划的石头外壳，改成现在这个标志性的银色钢铁墙面。

第二个难题是：音响效果。毕竟，这是一座音乐厅啊，所以盖里必须将大厅建得层层叠叠，这在当时是设计和建造上的重大变革。

第三个难题是：城市的电网系统。盖里与很多建筑师不同，常常用孩子玩的积木来做设计。但盖里的积木无法运用在洛杉矶那一带城区的电网系统上。他不能改变电网系统，只好另想办法。最后，他创造了一座花朵似的建筑，充满各种形状、曲线和角度，与美国其他建筑都不一样。

由此可见，盖里最著名的建筑是在诸多约束的限制下建成的。如果没有了它们，沃特·迪士尼音乐厅将完全是另一个模样，或许，我冒昧地揣测一下，不会像现在这么光彩夺目。

* * *

我相信，你也试过因为太自由而无所适从吧。我的团队经常这样。给作者提一个宽泛的故事主题，他们会冥思苦想好几天；给他们一个角度精确严格的摘要，他们会趴在桌子上一口气写好几天。大多数事情都是如此。选择太多，我们反而会觉得负担太重，变得不知所措。我们总是在讨论“创作自由”，觉得在为所欲为的时候能够想出最棒的主意。你还可能听过某些身穿细条纹西装的傻瓜鼓吹什么“蓝天思维”吧：梦想要大！别受限制！要跳出盒子来思考！这些口号喊了好多年。然而，很多时候恰恰是自由限制了我们。

年轻时，我从来不会提前完成作业，总是在最后几天才通宵赶工，潦潦草草地写到最后。顺便说明一下，我并不喜欢这样做事，一点儿也不喜欢。可是我觉得这样做效果最好。真的，我试过很多次先做计划，想在期限到来之前的数个星期把论文写完。可是每次的结果都是一样：我就是办不到。

我对这种现象琢磨了许多年。直到最近，我重读了很多当年写下的论文——我一直把它们保存在阁楼的一个棕色纸盒子里。我发现，在时间充裕的情况下写成的论文空洞得令人难以置信，字里行间缺少原创想法，当然也没多少奇思妙想，大部分内容看得人呵欠连天，而且很难看得进去。而记忆中那些在凌晨时分急匆匆写下的论文，则显得热烈多了，讨论的范围更深、更广，内容更有创意、更大胆。

这时候我才豁然开朗：约束（这个例子中的约束是缺乏时间）反而促使我无拘无束地去思考。这种约束有三个作用：第一，它解放了我，免于像其他人一样思考，或者猜测其他人会怎么写；第二，它促使我写下更大胆、更鲁莽的想法（如果有更多时间，我肯定会担心它们是不是太过大胆，很可能会把它们替换成“较安全”的想法）；第三，它逼出了真实的我。紧迫的时间限制意味着我被逼求助于自己的直觉，也就是内心最响亮的声音。正如我们在第五章中所见，引导直觉对成功至关重要。因此，很讽刺的是，约束很可能正是无限创造力的源泉。

我再给你举个例子，1963年8月28日的“为了工作与自由：向华盛顿进军”大游行中，马丁·路德·金向25万民众发表了题为《我有一个梦想》（*I Have a Dream*）的演讲，成为世界史上最具标志性的讲话之一。但是很少有人知道，其实最初的讲稿中并没有“我有一个梦想”这个短语。正如亚当·格兰特在他的著作《离经叛道》（*The Originals*）中解释的，马丁·路德·金一直在反复修改稿子，直到最后一分钟。那一天，当他走到舞台上面对人群时，关于梦想的内容肯定不在计划中。假如他事先将其写在讲稿里，一字一句地记下，然后放下稿子上台，谁知道那一天会发生什么事？他很可能会照本宣科。但是那一天，他发表了一段真情流露、震撼人心的演讲。至于说，他为什么没有把这部分内容写进最初计划的讲稿中，我们永远不知道——也许他觉得太戏剧化或者太诗意了吧。这也是当我时间太多、自由太大时我会遇到的困难：有机会想太多。

斯蒂芬·斯皮尔伯格的第二部动作大片《大白鲨》（*Jaws*）也遭遇过困境。拍摄期间，斯皮尔伯格一直在使用的机械鲨鱼出了故障。完成修理、恢复运作，需要数周时间。当时25岁的斯皮尔伯格既没有时间，也没有预算，不能等。于是，他开始发挥创造力。他琢磨着，如果不展示鲨鱼，而展示它能造成的毁坏程度，效果会如何呢？然后他就这么做了。结果，他拍出了摄影史和电影史上最著名的场景之一：两位渔夫在一个木制码头上等待，他们抛出一块巨大的诱饵，上面绑着一个漂浮的橡胶轮胎，另一头系在码头上。渔夫等候时，斯皮尔伯格将镜头切换到主角布罗迪警长那儿：他坐在办公室里，无聊地翻看着一个黑白印刷的本子，里面是巨型大白鲨的照片。那些照片形状古怪而恐怖。斯皮尔伯格又将镜头切换回渔夫那里：他们发现诱饵已经被咬，橡胶轮胎在水面上迅速滑行，扯掉了整个木制码头。其中一人掉进水里，下一刻，我们看到漂浮的码头碎片迅速朝他靠近，背景里响起约翰·威廉姆斯那熟悉的配乐。“快游，查理！快游！”另一位渔夫大喊。威廉姆斯的音乐愈加急促，鲨鱼（碎木）朝着水中的渔夫扑去。那真是精彩而又恐怖的一幕。再也没有哪一块漂浮的碎木能如此吓人了。

若斯皮尔伯格没有遭遇约束条件的挑战，也许这一幕就不会如此紧张刺激。结果，他设法运用一个橡胶轮胎、一块碎木和E-F-E-F的单音创造出了戏剧化效果和悬念。约束还帮助斯皮尔伯格创立了他那标志性的“紧张”手法。就算你没有看过《侏罗纪公园》（*Jurassic Park*），也一定很熟悉这样的场景：一个玻璃杯里的水在颤抖，背景里是一个低沉的重音，暗示着有恐龙在逼近。

艺术家们也早就知晓约束的重要性。比如印象派画家，他们在过去的400年间创作了那么多夺人心魄的作品，仍然限制自己只使用简短的笔画和鲜艳的色彩。又比如电影导演拉斯·冯·提尔，他创立了拍摄电影的道格玛95。道格玛制片人只能运用手持摄影机来拍摄，不可以使用支架、滤镜或者特殊灯光——还有另外五六个限制条件。乍一听，你会怀疑地说：“谁愿意参加啊？”然而道格玛95运动在过去30年间产生了一些最有创意、极受欢迎的电影作品。（如果你没有看过《破浪》（*Festen*）或者《白痴》（*The Idiots*），那就找一个周六下午去看看吧。免责声明：你也许得带上烈酒去看这两部片子。）

加拿大零售连锁巨头诺斯通内部有一个小型技术院，名叫诺斯通创新实验室。在那里，每一个点子都必须在一个星期内完成。苹果公司也以8个月内完成iPod从启动到上架的全过程而闻名（时间再长一些，他们就要错过圣诞期限了）。

约束带来的困难真的能让我们更有创意吗？它真的能引发最大的突破和最棒的主意吗？下面这位改变世人约会方式的人认为，它可以的。

约束的“锋刃”

如今，Tinder每天将地球上196个国家的2400万人连接在一起，令肖恩·拉德成为世界上最成功、最有影响力的企业家之一。2018年，它是世界上第二能赚钱的软件，仅次于Netflix①。它促成了无数Tinder宝宝的诞生、数千桩Tinder婚姻、成千上万的Tinder情侣建立关系。然而，它的诞生源自一次又一次的困难。

不过，见到拉德时，你是看不到这些迹象的。他30多岁，却拥

① Netflix：非官方译为“奈飞”，是美国最大的在线DVD租赁商。

有50岁棋手般的镇静沉着，只有偶尔乱摆的双手才暴露了他那微微闪烁的年轻朝气。

很多人不知道，Tinder诞生于一次短暂的困境：事实上，就是2012年那个炎热而漫长夏季里的23个疯狂的日子。5个二十来岁的青年人拼凑成一个团队，在闷热的办公室里夜以继日地工作，只有两张沙发和一张咖啡桌做伴。他们经验欠缺，人脉不广，时间不够。

每一天，软件都要被修改数十遍。错误一个接一个，死胡同一条接一条，各种各样来自数据的反馈、来自迅速扩展的用户群的反馈、来自团队队员之间的反馈纷至沓来。很快，每晚3小时的睡眠成了标准作息。崩溃的服务器，不断涌现的更好、更强的想法，其他人的建议，如同森林大火般吞没了他们，形成一片广阔的不适区……逼迫着他们以从未想象过的方式思考和做事。

他们没有营销计划或预算，于是组织了一群熟悉都市生活方式的年轻实习生走上街头，宣传这个没有人听说过的炫酷、新奇的约会软件。偶尔，拉德及其团队还会离开办公室去喝啤酒，顺便来次头脑风暴。他们会坐在街边的桌子旁，朝路过的人群喊道："嘿，伙计们，听说过一个叫Tinder的新约会软件吗？"他们用存起来做营销的几百美元定做了1000份拳头大小的公司贴纸，上面绘有Tinder独特的红焰标志。趁着星光熠熠的科切拉音乐节[①]在内华

① 科切拉音乐节：科切拉音乐节是在加利福尼亚州举办的，原文说是在洛杉矶（加州的城市），却把州名写成了内华达州。

达州举办之前，他们将贴纸非法张贴在洛杉矶城中各处的灯柱和灯箱、每一个厕所门、每一个公共垃圾桶以及其他空白的表面上。很快人们就传开了，说这个奇怪的约会新软件赞助了整个音乐节活动。

随后，下载量开始攀升，而且一路攀升。几个星期内，这个软件就吸引了大约400个新用户，到了年底，则是数千个。2013年结束时，Tinder成为全世界30岁以下用户中最受欢迎的约会软件。

“回想那时候，我认为难受的时刻与享受的时刻一样，都是帮助我走到今天的命运安排的一部分——也许前者占的比重更大。”拉德用柔和的洛杉矶口音对我说，“当我回顾Tinder时，我还认为，最棒的主意都是我们产生分歧并且充分讨论之后的结果。反馈很吓人，叫人心烦意乱，可如果你是一个不敢聆听的公司，就永远无法成长起来。不犯错，就无法成长。我认为，要是你不犯错，那么你所做的一切可能都毫无意义，因为一旦犯错，你就能获得别人都没有的信息。”换句话说，正是最困难的时刻促使这个软件获得了最大的成功。

可是，为什么约束造成的困难能促成最灿烂、最有创意的突破呢？难道是因为我们的大脑在这些条件的捆绑下反而能更高效地工作吗？科学得出的答案是：对的。

在阿姆斯特丹大学做的一次里程碑式的研究中，研究人员着手研究约束如何从认知上影响我们。他们在学生身上做了几个测试，让大家一边听一系列单词和数字，一边挑战高难度字谜。他们得到了几个引人注目的结果。研究发现，约束将学生们的思维过程从局部转变成全局（促使他们从宏观上评估状况，而不仅仅看到眼前的方寸世界），或者用研究者的说法：扩大了他们的“感知范围”。而感知范围对雄心和创造性思维至关重要。

研究还发现，当学生们面对挑战时，“概念范围”也扩大了。概念范围同样是创意思维的重要组成部分，它能让你看到更多想法和可能性，能有效地避开普通的思路。最后，研究做出了也许是最令人惊讶的结论：约束令我们更容易参与一个困难项目，更有可能坚持完成它。这与大众的认知是相反的。

学生们都接到了一个逃脱电脑迷宫的任务。其中有些人走到一半时会遇到一个障碍，增加逃脱的难度。事后，他们都拿到一份“远隔联想测验”——这是普遍认可的用于测试创造力的标准测试卷。遇到过障碍的学生的完成率比其他学生高出40%。换句话说，遇到障碍后产生的难受感觉激发了他们的创造性思维。

所以，下次当你遇到一个需要发挥创意的项目时，想想你能利用的约束条件有哪些吧。给项目加一个紧迫的时限，减少工作组里的人数，减少手上的资源，或者给项目增加一个新的限制条件。举个例子，假设我让我的团队创办一份新杂志，那么，我可以在中途提出要求，只能使用不以人物为主角的图片。（相当讽刺的是，这正是我们在创办《女性健康》杂志时被迫做过的事情，当时我们买得起的人物照片统统都是看上去普通到没法用的照片。）

在项目中途附加限制条件，能够有效地推动原本停滞不前的思维。无论是怎样的限制，你务必警告那些受限制的人，他们将会感觉像撞墙一样难受，仿佛要被拖进不适区，而这个时候——你必须提醒他们和你自己——绝对不是放弃的时候，而是放飞想象力的时候。

Chapter 8 >>>
鼓励聪明的失败

“你会失败，失败很多次。”歌手兼作曲家尼尔·罗杰斯（Nice Rogers）曾经发表过一段著名的言论，“那些失败将成为你最重要的学习机制，（因为）它们能向你展示如何获得成功。为了成功，（你必须）非常非常习惯失败，因为那就是你学习取得成功的方法。”

杰出领袖为何喜欢面对失败的挑战

1996年12月16日，我笔直地坐在床上，双手拿着一封信。我知道信的内容是什么，毕竟我已经等了它好多年。它是来自牛津大学的信。

从有记忆的时候开始，我就一直知道，自己要上牛津大学，因为我一直都想引起爸爸的关注。爸爸是来自巴基斯坦的第一代移民，我是他的第三个孩子——一个没有展现出多少学习天赋的羞涩孩子。来自亚洲家庭的孩子都明白，亚洲文化看重求知欲和成绩单。我们当中一直流传着一个玩笑，远方的叔伯阿姨们也许不会知道你的中间名，但是，他们会知道你得了多少个GCSE[①]，分别是什么级别，你在目前的班级里排名第几。当然，这些全都经过了你父母的过度夸大。

我认定，让爸爸关注我的方法就是做一个全A级别的学生。而能让他真正地注意到我的更好方法则是拿到牛津大学的录取通知书。所以，这是我一直努力的方向。我从13岁开始刻苦学习。我的

---

① GCSE：全称General Certificate of Secondary Education，是英国的普通中等教育证书。

评级开始上升，从B升到A-，从A-升到连续拿A。然后，在GCSE发布的日子，我的评级终于从A升到了清一色的A+。我已经选好道路，看到前方的牛津大学了。

在一个寒冷的秋日早晨，我来到牛津大学。我已经为接下来连续3天的紧张面试收拾妥当，做好准备。我记得，自己走到伍斯特学院那座庄严高贵的建筑跟前时，心脏像蜂鸟的翅膀似的狂跳不已。我在宽大的食堂里吃晚餐，那地方用古木装修，像个洞穴，给人压抑的仪式感。我还记得，我为自己的北方鼻音感到些许尴尬。面试在一个评审小组面前进行，评审员都是年长的男子，头发灰白，态度严肃得吓人，提出的问题更是可怕。我记得自己坐火车返回索尔福德，走出曼彻斯特皮卡迪利站的月台，告诉妈妈，现在剩下的就只有等待了。我预料自己得了不少A，而且，我相信自己表现得很完美。那些教授们丢给我的问题当然很有挑战性，容易的那些我都答出来了，较难的那些则被我巧妙地绕过去了。剩下的只是时间问题了。

然而，那天早晨，当我打开来信时，里面并非我期望的答案——过去5年一直在等待的答案。信还未读完，我的泪水就已经流了下来。完了，我被拒绝了。当时还是清晨，外面天色尚暗，我请妈妈那一天都不要拉开窗帘。我躺在床上，静静地躲在被窝里，待了很久。对那件事，我们聊得不多。我的父母既没说什么陈词滥调，也没给我如同伤口镇痛药膏般的安慰。“还有其他大学、其他机会……”爸爸说了这么一句。可是对我来说，那就是一个标志：

我是个失败者。

那一年剩下的时间，我开始破罐子破摔。我跟年长的男子出去约会。我放弃了过去数年间为自己定下的惩罚式的学习计划。成绩发放时，我没有得到预料中的A级评分。我出去玩，常常喝醉酒。我决定，无论哪家大学，只要收我，我就去。失败的伤痛需要很多年才能消失。

信中“我们遗憾地通知你……”那句话，激发的痛苦很短暂，却改变了我的人生方向。当时，我以为它将我的人生推向了堕落之道。可是20年后的现在，回顾过去，我看明白了，我在那一天被迫接受的痛彻心扉的失败，其实是我一生中的决定性时刻之一。

* * *

大部分人在成长过程中都会这样想：失败这种事，最好不要落在我身上。考试挂科，报考某个学校被拒，工作受挫……人类历史上，没有人会将失败作为追求的目标。这种文化上的价值取向导致一代又一代的男人女人背负着一种“失败焦虑”：不愿尝试任何新奇或者太有挑战性的事物，因为害怕会搞砸了。然而，这样会导致一个大问题：由于害怕失败的痛苦，我们错过了人生中继续前行的机会。你如果过度害怕摔倒，就永远无法为成功大胆一跃。

不过，这种局面已经开始发生变化。比如，美国各地校园里的部分专家开始意识到，他们的那些高分学生有点儿问题。像斯坦福、哈佛和普林斯顿——美国版的牛津和剑桥——这样的大学里，大部分学生从简历上看都完美无缺：就是那种一辈子忙着率领足球队，辩赢整支辩论队，闲暇时还能“叮叮咚咚”地一路弹到钢琴五级水平的孩子。按照传统的成功标准来看，他们的人生就是一条逐步上升的成功之路。然而，这是有问题的。正是同一批孩子，连微小的挫折（遭到某个大学俱乐部的拒绝，没选到他们想要的课程）都无法承受。教授们发现，这些稀松平常的困难会导致那些孩子沮丧、焦虑，甚至泪水涟涟地跑到心理辅导室求助。斯坦福大学和哈佛大学用一个词来形容这种问题：失败缺乏症。这些年轻的男孩女孩，简历越完美，应对人生中微小障碍的能力就越差劲。

作为应对，斯坦福大学发起了一个名为“韧性计划”的活动：邀请杰出校友来讲述自己在人生路上遇到过的种种考验。“这是一个将奋斗平常化的尝试。”斯坦福大学的前任新生院长莉斯科特-海姆斯女士对《纽约时报》（*The New York Times*）说。其他学校纷纷效仿。如今，哈佛大学有一个大受欢迎的活动，名为“成败计划”：收集校园内发生的各种失败故事。普林斯顿大学也有自己的版本，叫“视点计划”：在校内开辟一个空间，让学生们聚集在一起，鼓励他们通过文字、视频及其他“创意表达”的方式来分享他们最近遇到的难以克服的困难。马萨诸塞州的史密斯学院更进一步，启动了一个“好好失败”项目：决定加入项目的学生们在第一天就会收到一个证书，上面写着“特此批准你在未来的恋爱、交友、小考、大考、课外活动或者任何跟学院有关的选择问题上，搞砸、毁坏或失败一次乃至多次……并且继续做一个完全有用、绝对优秀的人”。

校园外也在发生变化。谷歌曾经以招纳旁边斯坦福大学的最耀眼学生而闻名，如今它将大网撒向更广阔的领域。美国最大的会计师事务所之一德勤会计师事务所过去只专注于寻找面带稚气、从无败绩的MBA毕业生，如今开始将目光投向30岁以上的人群——那些在就业过程中经受过“历练”的人。曾经担任过德勤会计师事务所人事部经理的吉姆·沃尔说：“我们需要有实践经验的人，嘿，如果你正在外面的世界拼搏，那可真是巧了。”

就算是在《时尚》杂志社，我们也认可，完美的求职者并不一定适合我们的工作。我们的实习生职位颇负盛名，它是一个为杂志工作的一年期带薪项目，基本上就是把选中的实习生培养成作家和编辑。多年来，申请这个职位的人都要求持有新闻业的证书。但是现在，我们只想要无所畏惧的写手。而根据我的经验，无所畏惧这种特质往往来自人生中遭遇的种种挫折，来自曾经的奋斗与失败，来自生活的刀锋留下的伤痕，来自品尝过的失败之苦，而不是一帆风顺的成功。

杰夫·贝索斯，黑眼睛、光脑袋，亚马逊背后的亿万富翁，世界上最富有的人之一。他失败的次数多到连自己也记不清。他对失败相当坦诚，承认自己过去20年在亚马逊启动过的数十个失败项目上造成的损失数以亿计。其中包括但不限于：亚马逊拍卖，一个用来与eBay[1]竞争的项目——他们坚持了整整2年才拔掉其氧气管；亚马逊目的地，一次线上旅游网站的尝试，运作仅仅6个月就关闭了，又是一次失败。另外，还有人记得亚马逊的第一台智能手机Fire Phone[2]吗？那是一次彻底的、史诗般的覆灭，一把火烧掉了公司数亿美元。

大多数人回顾这张灾难清单时的想法可能会是："嗯……数码这一行？也许不太适合我。也许是时候试试别的了。"但贝索斯不这么想。他想要更多的失败，而且要比以往来得更快、更大。

"如果你觉得Fire Phone是一次大败，那我们此刻在做的事情将会是比它惨烈许多的失败。我不是开玩笑。与其中的某些失败相比，Fire Phone只不过是雷达上的一个小光点。"那款手机停产后不久，他这样对《华盛顿邮报》（*Washington Post*）说。

贝索斯热爱失败。他写下的前20封年度致股东信里，几乎每一封都提及失败。不仅如此，在过去的几年中，贝索斯在寻找高级经理的人选时，更喜欢雇用曾经有过败绩的人，而不是成功者。举个例子，亚马逊生鲜就是由Webvan[3]的前高管来运营的。Webvan曾经在2001年募集了8亿美元的资金建立一个食品递送公司，却惨遭失败，以破产告终。

---

① eBay：全球购物网站。

② Fire Phone：2014年，全球最大的网上零售商亚马逊推出的首款智能手机。

③ Webvan：字面意思是"网上货车"，是一家生鲜电商，已倒闭。

可是，为什么呢？失败，不是一次，而是一而再，再而三的失败，怎么能是成功之母呢？难道贝索斯是人生最大的输家吗？或者，尽管败绩累累，但他抛出的各种主意足够多，所以总有那么一两个能成功？又或者，在那表面上看起来的疯狂之下，他其实拥有天才般的手段？难道这位世界上的顶级富翁用来获取财富与成功的未曾公开的大秘密……其实是失败？

聪明的失败

当然了，并非所有失败都一样。贝索斯所迷恋的失败，并非某个五年级普通学生因为没有做任何复习而每一科都挂掉的那种。粗心大意的失败，偷懒或者缺乏技能的失败，都是糟糕的失败。但是，因为尝试新事物而遇到的失败，那是必须经历的过程。发生在创新前沿的失败，那是正常现象。由于勇敢承担别人都不敢承担的风险而导致的失败，那是应该鼓掌、喝彩的。

像贝索斯这样的人，必定非常习惯失败，因为他们总是在突破可能性的边缘。（2018年，亚马逊正在研究一种递送服务，将你的亚马逊货物送到你现实中的家里。认为在这方面的尝试中会出现失败的人，举手吧。）当他们那样做的时候，当他们尝试进入别人不曾涉足过的领域时，没有前人的足迹可循，沿途也没有最佳做法可供参考。也就是说，他们会摔跟头，甚至可能会摔很多次。“失败是发明的必要组成部分。它不是一个选项，我们理解这一点，并且相信越早失败越好。我们会反复失败，直到最终做对。”贝索斯在其中一封致股东信里这样写道。

尽早失败的想法很明智。如果你是在早期失败，失败的规模将会更小，落地的声响更轻，对你的声誉和自信的打击也更柔和。很多世界知名的品牌都了解这一点，要不然，美容和时尚公司为什么要搞那么多“限量版”产品呢？它们是测试市场反应的工具。如果它们表现出色，就会正式投产。汤姆·福特的阳光琥珀香水、岚舒的搓澡蜜蜂汽泡弹、夏洛特·蒂尔伯里的枕边风彩妆，在诞生之初全都是限量版。否则会怎样？还有人记得多芬的限量版真美人瓶吗？那是在2006年启用的新包装，设计成与“真实”女性身体相似的形状，可是它只有7个尺码，导致每个人对自己的感觉都很糟糕。那次失败被记录下来，成为一条“经验”。

快闪产品也是同样的道理。它的概念很简单：小型测试和早期测试。伦敦一些热门的餐馆最初也是从简单粗略的快闪店做起，一边研发，一边尽可能多地在“半永久式”的店面里进行各种试错。MEATliquor①如今是一家连锁餐厅，有8个分店，营业额1500万英镑，每个工作日晚上食客队伍都能排到转角。它以一辆价值3000英镑的二手汉堡货车起家，每逢周末就停在伦敦南区的停车场里开卖。

---

① MEATliquor：字面意思是“肉酒”，是一家餐厅的名字。

Pizza Pilgrims[①]，英国数量增长最快的独立比萨连锁店，据说那里有世界上最好吃的比萨，它起步时规模更小。创建这个品牌的艾利欧特两兄弟——托姆和詹姆斯，辞去媒体工作之后，从2012年开始，开着一辆意大利比亚乔集团的蜜蜂牌三轮货车在伦敦的贝里克集市摆摊，在货车的后车厢里做那不勒斯风味的比萨来卖。詹姆斯告诉我，他们一开始犯的“错误真多”。还是一样，这些错误包括但不限于：托姆的女朋友设计的一个擀面杖商标——原来在那不勒斯没有人会用擀面杖来做比萨；贪便宜买来的冷藏设备害他们损失了本来就很缺乏的资金——“绝对不要相信在苏活区刚刚认识的人说的‘我有冰箱大甩卖’”；一个连罐子和弹珠都要计算在内的超复杂支付系统，他们本来以为它是一项革命，结果却把所有人都绕晕了。不过，詹姆斯承认，正是早期犯下的这些小错误，才促使他们后期的发展如此迅速（而且成功）。

加拿大休闲服装品牌露露乐蒙甚至在专注于不断试验的公司精神指引下，建立了一种实时体验的零售方式。露露乐蒙的实验室叫“设计概念店”，基本上就是一个让顾客与设计师见面并互动、体验新推出的限量版产品的商店。如果某个产品大获成功，那么它的设计方案和材料将会在主要商店出售；否则，就让它作为限量版留在客户的衣橱里。换句话说，它将失败重新包装成令人兴奋的创新，从而惠及每一个人。

① Pizza Pilgrims：字面意思是“比萨朝圣者”，是一家比萨餐厅的名字。

从失败中学习

然而，光是将各种错误当作实验，并不能保证成功。只有当我们鼓起勇气去检查错因时，失败才能真正地帮助我们。也就是说，你需要踏入不适区。面对失败时，你会有何反应？如果你不知道，那就看看自己有没有下面提到的几种情况。

失败厌恶者

你是那种从无败绩的人。至少，你从未意识到自己失败过，因为你从来不会置身于失败的境况中。你过着安逸的生活，因为你坚持不懈地将失败的痛苦推开。你的办法是，把人生目标设置得非常模糊，这样一来，你就没有任何标准可以判断自己是否失败了。然而，这样做意味着你永远无法真正前行，而这本身就是一种失败，每一天都在失败。听着很复杂吗？不复杂。你害怕的就是失败本身。

失败犹豫者

你并不害怕犯错，因为你明白它们常常是试验的必然后果。从这个方面来说，你基本上是能忍受痛苦的。你有点儿像泳池边的我：做好了准备，忍受了通往泳池边那段路上的痛苦，却在完全浸入泳池之前停了下来。那损失真是大呀。

你并不害怕犯错，但你不敢深入错误中寻找造成它们的根本原因，因为你害怕可能会被揭示出来的自我。你将失败归咎于循规蹈矩，而不是你自己犯的错。于是，你一次又一次地犯下同样的错误。

如果对问题追根究底，尽力找出错误的症结，那么你也许会发现自己的缺陷。这确实很痛苦，也是你不愿涉足的不适区的组成部分，然而，它也许正是你最需要克服的部分。

失败勇敢者

你拥抱失败。你赞同，错误往往是创新路上不可避免的副产品。你也赞同，唯一能够减少前行途中犯错次数的方法，就是梳理已经犯下的那些错误，并且越快越好。因此，你清醒地知道自己的缺陷在哪里。为了防止自己踩到短板，为了确保自己不会重复同样的错误（这在你身上很少发生），你的身边都是有能力覆盖你自身盲点的人。

* * *

以上情况哪一种符合你？或者三种情况都有？无论如何，底线是：要想收获失败的奖品（相当丰盛哦），你需要知道如何“聪明地失败”。

制造完美的错误

西姆·希特金是杜克大学的管理学教授，他在职业生涯中花了很多时间研究身处各行各业顶端的人是如何失败的。他得出这样的结论：最成功的人会“聪明地失败”。你可能会想，既然他们都已经是各自领域里的高手，为什么还需要犯错呢？呃，希特金的调查对象所从事的项目和行业，需要依赖最新的资讯或者进行未有先例的激进式创新。他们可能在未知领域开创新的商业模式，也可能在测试某种全新的产品。重点是，他们都没有可供参考的调查数据或者经验，因为没有前人做过。因此，他们犯错的可能性很大。他们如果知道自己会出错，那么如何保证以最聪明的方式出错呢？

接受失败

值得庆幸的是，西方社会对失败的讨论开始大幅度增多。位于硅谷（还能是别的地方吗？）的一些公司举办“失败派对”，鼓励员工庆祝他们最大的失败。当然了，还有技术界的失败庆典：失败者大会。它从2009年开始每年举办一次，只有2014年由于组织者感觉人们讲失败讲得有点儿腻味，才停办了一届。尽管围绕它的探讨在增多，但事实还是没变。当狗屎砸中风扇时，大多数人的本能反应都是：一、是谁扔的狗屎？二、老天爷啊，是谁开的风扇？

我们面对失败时如此焦虑的原因很简单：“推诿游戏”的文化根深蒂固。我们不去细查导致错误的每一个步骤，却致力于寻找错误背后的犯错者。这样做的问题在于过度简化错误，而错误的根源从来不会只出在一个人身上。此外，这里还有一个真正的缺陷：把错误归咎于某人，将会终结围绕它的讨论。回想一下你自己曾经被指责做错了某事时的情景，你觉得最有效的应对方法是什么？以我的经验，尝试解释错误如何发生，通常只能换来别人紧皱的眉头和抱起的双臂，因为这种做法会被看作企图为自己的行为“辩解”，而不是解释导致错误的各个步骤（而我们将会发现，后者正是我们应该做的事情）。

不仅如此，将失败归咎于某人，会让人们害怕失败后受到惩罚而不再愿意承担风险。这一点在真人秀节目《飞黄腾达》中一次又一次地出现：第一周，没有选手愿意主动担任队长，因为害怕“任务失败”会遭到指责。我常常想，作为一个以寻求国内最聪明企业家为目标的真人秀，却淘汰那些敢于挑起大梁、承担风险去尝试完成任务的人，真是匪夷所思。毕竟，那正是真正的企业家所需要的基本品质啊。若你使他人害怕失败的后果，那你最终所做的只是为自己未来的更大失败埋下伏笔，因为没有人愿意从人群里站出来做重大的决定或者承担成功所必须经历的风险。

那么，你该如何接受失败呢？谈论它吧，以一种不带情绪的方式谈论它。你要检查是什么环节出了错，而不是什么人要为出错负责。在日本，老师经常要求孩子们解决十分困难的题目，故意让其中一部分孩子失败。在西方国家的学校里，解出正确答案的孩子会被点名表扬，做错的孩子会感到羞愧。在日本却有所不同：被点名表扬的是那个努力寻找正确答案的孩子，同班的其他孩子则受到鼓励去帮助那个孩子寻找正确答案。他们必须一起讨论问题、深入探究，绝对不允许因为那个孩子无法独自找到答案而将他妖魔化。通过公开地谈论失败的方式，他们消除了失败的痛苦。

丰田汽车公司的运作方式与此相似。这家日本汽车公司处理差错的方法声名远播，已经形成一整套体系，并且以它的名字命名为“丰田生产体系”，在全世界得到广泛应用。这套体系十分简单：如果某个丰田工人发现生产线上的一个问题，就拉动一条名为“安灯拉绳”的绳子。如果问题无法在一分钟之内解决，整条生产线就会停下来（这往往会导致公司的重大损失），直到把问题了解清楚并解决为止。这种频繁检查微小差错的做法意味着公司做出了许多微小而递增的改进。

你不仅要消除那些因“精心设计”实验的副产品而失败的人的羞耻感，还要奖励早期发现失败的人。（很显然，我们此处所说的奖励，并非指对那些因粗心大意的实验而导致的失败进行奖励。）

然而，在文化的影响下，我们很容易讨厌那些发现错误的人，觉得他们“很烦”，认为他们“不合群”。除非他们真的是扑灭办公室内任何一点乐观火苗的人体灭火器（这种人确实存在哦），否则我们不仅应该认真听他们说话，还应该奖励他们。有些公司实行一种名为“无责汇报”的体系，让员工匿名提交发现的各种错误。这当然能鼓励更多人尽早地发现错误。但我比较相信，创造一种将失败以及发现“即将演变为失败的情况”视为常态的文化氛围，是一种更加有效的长期解决方案。

如果你是一个小团队的带领人，或者是某个大公司的经理，或者刚刚创业，那么另一种促进公开讨论失败的方法是每周安排一个时间，鼓励大家来讨论。有时候，只需要找一个人来给谈话开个头，其他人就会加入。你要确保不准任何人指责他人，只准讨论问题和提出解决方法。如果整个团队能够一起想出解决方案，那就最理想了。

分析失败

如何从失败中学习呢？如何将水分去掉，只留下有价值的干货呢？实情是，大部分失败都很复杂，有若干个原因。所以，组织一个SWAT[①]团队来剖析究竟是哪里出了错吧。在理想状态下，你需要寻找与你自己、与其他队员技能互补的人，因为有时候别人能从不同的角度看到自己看不见的缺陷。

还有一点值得注意：你应该尝试辨认做对了的事情。辨识有利

---

① SWAT：Special Weapons And Tactics，意思是“特殊的武器和策略”。

于你（或不利于你）的做法，不仅能提升每一个人的士气，还能大概率地确保它再次发生（或不再发生）。当事情进展顺利的时候，我们太容易把它当作理所当然的了，而事实上并不总是如此。一切情况，包括好的、坏的，都应该进行剖析，以便于学习。

你想在一段关系中找出哪里出了错，而找一个团队审视你最私密的时刻，你也许会觉得很别扭。我明白。若是这样，那就试着写下来吧，写得越多越好。还是一样，好的、坏的都要写。然后用不同的颜色来标出顺利和出错的部分。（很多公司在工作报告里也使用这种技巧，以绿色表示顺利、黄色表示警示、红色表示问题。）这样可以高亮地显示你的失败与成功。遭遇失败时，试着像Tinder的肖恩·拉德那样做，自问“为什么”，多问几次。这事为什么会发生？有什么阻止的办法？有没有哪个做法可以换一换？（顺便一提，这并不是在责备受害者。记得我说过，你只能改变自己可以控制的事物吗？你无法控制别人的行为。通过改变自己的行为，你也许可以在未来彻底避免同样的失败。）

当我坐在这里写下这些文字时，我正在喝一罐零度可乐。我说起它是因为，零度可乐就是一个对失败进行透彻剖析之后的产物。2004年，可口可乐想为20～40岁的男士研发一种饮料。当时健怡可乐销量不错，但它更倾向于女性消费者。它的颜色，零卡路里的设定，还有一群女人看到半裸建筑工匠后过度亢奋，要求喝点儿健怡可乐来冷静一下的营销活动主题，都是如此。于是，可口可乐想到了二代可口可乐的主意：它比普通可乐少一半卡路里和糖，但味道不变，男人会喜欢的。他们花了5000万美元进行营销活动，将它摆上世界各地的货架。结果，它成了一次惨败。

当他们审视到底是哪里出了错时，才发现，男人确实喜欢传统可口可乐的味道，但是，跟女人们一样不想要卡路里（男人其实并不关注碳水化合物指标）。二代可口可乐被束之高阁。一年后，零度可乐——如今可口可乐旗下最畅销的饮料之一——在吸取教训之后启动了。

真相是：如果你想挑战自己，在世间留下大胆的印记，度过充实且回报丰厚的人生，那么，失败将对你有所裨益。史上最成功的歌手兼作曲家尼尔·罗杰斯将自己的非凡成就归功于他经历过的失败，以及他对那些失败所做的检视。顺便说明一下，你能想到的20世纪70年代以来的所有舞曲，从他为自己的乐队Chic[①]创作并且演出的《怪咖》（*Le Freak*），到大卫·鲍伊的《让我们跳舞吧》（*Let's Dance*），到麦当娜的《宛如处女》（*Like A Virgin*），再到蠢朋克乐队的《幸运》（*Get Lucky*），背后都有他的身影。

“你会失败，失败很多次。”他曾经说道，“那些失败将成为你最重要的学习机制，（因为）它们能向你展示如何获得成功。为了成功，（你必须）非常非常习惯失败，因为那就是学习取得成功的方法。”

---

① Chic：乐队名，法语，意思是“时髦”或“聪明”。

Chapter 9 >>>

分清“研磨”与“空转”

研磨是一种攀山式的奋斗，能将你带到顶峰；空转是在山底下的同一个地方兜兜转转，哪儿也去不成。研磨通往改变，空转原地不动。

什么是研磨

她举目四顾，眼前的5000平方英尺的店面里有亮闪闪的美甲柜台，大理石地板，以及面带微笑、身穿实验袍的美容顾问。她无法相信，自己竟然能走到这一步。数年前，玛西亚·吉尔格还只是一个私人教练，要超负荷工作才能勉强挣够东村区无电梯公寓的租金。如今27岁的她已经成为纽约城名人，经营着人人都想试试的必丽丝水疗馆。一个来自加拿大郊区小镇的年轻女子，没有商业从业证书，缺乏美容业经验，却仿佛在一夜之间创造了一门价值3000万美元的时尚生意。她究竟是如何做到的呢？答案是，她理解有效辛苦与无效辛苦之间的差别，或者用她的话说就是：明白研磨与空转之间的差别。

当我说“研磨”这个词的时候，你想到了什么？是在研磨机的旋转刀刃下粉碎的咖啡豆，还是猛抽在石板上的麦穗？也许你还记得，度过两周的夏日假期后，你的父母摇着头说：“好吧，看样子又要开始研磨了。”或者你想到的是大考前夕，好心的老师提醒你努力“磨鼻子”①？

---

① 努力“磨鼻子”：英国俗语，比喻辛勤工作，努力不懈。

“研磨”一词意味着辛勤的工作，代表着费力和辛苦，持续不断地重复着一套动作，回报却很微薄。我们不喜欢这个词。如果说某件工作很“磨”人，就会让人联想到令人心智麻木的沉闷。你也许会想，有谁会欢迎研磨呢？是你，你要欢迎研磨。它并不吓人，当然也不需要担心。它是一个转变的过程。所有伟大的思想家、发明家和企业家都在追寻成功的途中经历过它。Tinder的肖恩·拉德及其手下那个主创团队，全部都是研磨工。当代杰出的舞者之一埃里克·安德伍德，整个舞蹈生涯都是建立在研磨基础上的。至于史上最成功的英国女运动员维多利亚·彭德尔顿，一生中也是研磨、研磨，再研磨。

研磨到底是什么？你要如何辨别呢？它是有效的辛苦，是令人精神爽快的辛苦，是突破性飞跃之前的助跑。研磨是打磨技巧、增进工艺的基础，你甚至可能没有意识到自己正在研磨。它的重点并不在于既没有明显改变方向，也没有明显增加势头地一次次重复同一件事，而是在不停努力的过程中做出微小、难以察觉的重新定位，最终在坚持足够长的时间之后形成巨大而成功的海啸。

当然了，有些人没有经历研磨就一夜成名，但他们很罕见，而迅速成功之后还能取得更伟大成就的人就更罕见了。为什么？因为没有研磨的基础，就没有退路。没有经验能指导他们的决策过程，没有模式可供辨别，因此他们不知道什么做法有用、什么做法没用。研磨常常给人一种毫无进展的错觉，从这方面来看，它似乎像是无效的辛苦，然而事实上，它是一切进展的源头。

* * *

玛西亚·吉尔格在加拿大萨斯喀彻温省一个不起眼的小镇奥特鲁克长大。她小时候家境不好，父亲在她11岁时就去世了，做秘书的母亲独自养大玛西亚和另外两个孩子。

现在的玛西亚年过四十，是商界罕见的人物之一：一位接连不断获得成功的创业家。她将必丽丝水疗馆卖给了LVMH集团[①]——一个拥有路易·威登品牌的奢侈品集团。然后，她成立了Soap & Glory[②]，几年后又把它卖给了英国商业街零售集团博姿。本来她可以就此止步，但是，她并没有坐下来拍掉手上的尘土，数数自己的收益，而是从头开始，将钱投入两个十分“混乱”的新商业冒险中：塑身鞋——号称能在行走中锻炼下肢的“健康”鞋，以及Soaper Duper[③]——深受美容媒体追捧的环保洗浴系列产品。在2015年，她还推出了美妆产品美人派，使其成为市场上极具冲击力的产品之一。

可是为什么呢？创业是艰苦而持续的工作，需要吃很多苦头。如果没有必要，为什么要将自己重新投入那种难受的境况中呢？答

---

① LVMH集团：全名Louis Vuitton Moët Hennessy，法国酩悦·轩尼诗-路易·威登集团。

② Soap & Glory：字面意思是“肥皂与光辉”，是一个平价美妆品牌。

③ Soaper Duper：字面意思是“欺骗肥皂商的人”，英国一个生产洗浴用品的品牌。

案是：真正成功的人迷恋有效的辛苦，或者是玛西亚所说的研磨。

我和她在富勒姆街区的一家咖啡馆见面。这家咖啡馆坐落在一个相对朴素的街角，主打健康食品，很安静。玛西亚正处在晕头转向的创业阶段，刚刚访问完瑞士的一家美人派产品的代工厂。她用悠长、动听的嗓音跟我描述了她即将推向市场的精华和面膜：效果神奇，价格低廉。美人派使用会员制的美容商业模式，会员按月缴纳会费，就能以出厂价购买数十种产品，有些产品就出自你最喜欢的设计师之手。想象一下吧，3.43英镑就能买到一支奢侈的口红。

玛西亚解释，对于孩提时的她来说，各种苦难从未远离。“我觉得，作为一个孩子，我从来没有感受过安逸。”她说道。父亲去世后，虽然家里很缺钱，但幸运的是玛西亚很聪明，她在17岁时就拿到了曼哈顿的哥伦比亚大学的录取通知书。她的姐姐那时刚搬到纽约，答应为她支付学费。于是，玛西亚买了一张前往纽约的单程票，抵达曼哈顿，然而，灾难突降。“我的姐姐本来是有钱的，可是出了意外，钱没了！我拿着单程票，呃，基本上，就是搁浅了。”

她陷入了不适区。跟很多成功者面对相同处境时的做法一样，她必须开动脑筋闯过去。她一直喜欢健身，于是，她将自己包装成一位私人教练。（那时候是20世纪90年代，没有人关心资质证书和长长的名人客户清单。）私人教练的工作时间很长，她每节课都筋疲力尽。那是在空转。

“我必须在早晨6点30分赶到某个上课地点，晚上11点才能回家。我必须一路走回东村区的住处，因为我没有太多钱。就这样，一天又一天地重复了两三年之后，我就想：‘这不是长久之计。’”

这正是无效辛苦的感觉：无休无止。就像希腊神话中受到诅咒的西西弗斯一样，必须永远地将一块巨石推上山顶，然而，巨石总会再次滚落下来。除非有所改变，否则你看不到出路。玛西亚需要改变。

当时，她有严重的粉刺困扰，于是参加了一个速成班，学习如何护理面部，解决皮肤问题。上课期间，她意识到自己可以将新学的技巧运用在现有的私教客户身上。（“他们非常容易信任人。我的意思是，你会这样吗？我不会！”）

她在苏活区王子大街与拉菲特大街交界处的东河储蓄银行大楼里租了一个小小的工作室。那时，当代最著名的艺术品经销商之一里奥·卡斯特里也刚刚在同一栋大楼里租下5000平方英尺的店面做画廊。

“那时真艰苦！工作室的日常管理费用是每月700美元，加上我自己住的公寓，每月需要支付大约1500美元。我的私人教练课每次收费40美元，所以，我得上很多堂课才能挣到足够的钱。我每个周六的白天全部用来帮客户做面部护理，晚上拿着美容工作室的毛巾去自助洗衣房清洗。”

对于大多数人来说，这样的生活很残酷，就像那种无效的辛苦：每天都累得腰快断掉了，时常担心付不上租金，不敢停歇，无休无止地空转。但是，她并没有空转。为什么？因为她在前进，有改变在发生。尽管只是微小的改变，但足够让她感觉到情况在变化，自己在前行。

消息传开，说苏活区有一位神奇女子在为少数顾客做面部护理，效果不可思议。音速青年乐队的金姆·戈登成了她的顾客。贝特·米德勒和黛米·摩尔也来找她。美国版的《时尚》杂志为她写了一篇小报道。奥普拉来了。超级名模们陆续上门。很快，整个纽约都在谈论玛西亚·吉尔格。那时她才23岁。她将办公的地方升级成一个有3间护理房的更大的工作室，雇用了几个员工来帮忙。电话从早晨7点一直响到深夜关门。预约名单已经排到了18个月之后。“因为，你如果要做面部护理，就会希望每个月都做，所以有些人会说，‘帮我预定每月第四个周二下午6点30分的时间，持续2年’。”

发展势头如此迅猛，以至于当玛西亚听说里奥·卡斯特里要撤出那栋大楼里5000平方英尺的画廊时，便决定接过那个租约。她决心开设自己的店面，并且起名叫必丽丝。

必丽丝水疗馆发展成世界上著名的水疗馆之一，它在苏活区的店提前数个月就已经约满。它是如此成功，以至于年仅29岁的玛西亚竟能以3000万美元的惊人价格将它卖给了LVMH集团。

玛西亚如果在追寻成功的过程中无法辨识有效辛苦与无效辛苦之间的区别，还能取得这些成就吗？“一切都应该付出辛苦，否则你根本做不成事。要想朝目标前进，就必须经受研磨。我每天都在空转，一直转，直到能将它转变成研磨为止。把空转改善成研磨，再把研磨改善成更快的研磨。研磨有摩擦力，而空转是在拖延。”

研磨是一种动力

你明白了吗？研磨是成功飞跃必不可少的条件。如果玛西亚没有以私教的身份空转多年，并且由此开始面部护理方面的研磨，再进一步调整方向，她不可能最终创立必丽丝水疗馆。研磨是一种攀山式的奋斗，能将你带到顶峰；空转是在山底下的同一个地方兜兜转转，哪儿也去不成。研磨通往改变，空转原地不动。

成绩斐然的人们拥抱研磨的辛苦，那是他们的动力。有些人甚至觉得，那是工作中最享受的部分。以著名的儿童文学作家罗尔德·达尔为例。他创作了40多本畅销书，写作生涯从40岁出头一直持续到74岁去世为止。你可能以为，他每年推出的几本书都是一挥而就的，他精通小说创作和角色塑造，确实可以那样做。但是，他依然坚持每一本书的第一段要重写150次。对的，我没有敲错字，就是150次。他明明可以轻轻松松地在几分钟内创作出一个段落，为什么还要那样做？因为他将之视为研磨新词汇、新点子、新句式并写出更优秀作品而需要忍受的辛苦。

电台司令乐队可以说是20世纪优秀的乐队之一。他们就以欢迎研磨的辛苦而闻名。每次他们要推出新唱片时，本来只需要每天在录音室里花上数小时，在经典曲目的基础上加以修改即可，但是，与前面提过的达尔一样，他们没有那样做。对于他们来说，浪费时间创作跟以前相同的曲子是无效的辛苦，因为没有改变啊。他们的做法是，走进录音室——常常是高强度地连续工作数天——不断"研磨"，直到将新的声音和新的音乐形式融汇在一起。

他们并不是干坐在那里写音乐，也不像大多数作曲家喜欢的那样，重复同样的模式和每分钟的节拍。不是的。他们写一点，演奏一点，再写一点，再演奏一点，他们的音乐就这样一点一点地成型，然后开始变化。大多数音乐人发行的不同唱片听起来总有些相似，贾斯汀·比伯的唱片听着总是带点儿贾斯汀·比伯的味道，齐柏林飞艇乐队的唱片也是。他们的歌总是有着相近的长度，相似的合唱与和弦。

电台司令乐队以从不制作两张相似的唱片而出名。他们选择了创新，而不是模仿从前做过的事，即使前一张唱片获得了巨大成功也不例外。关于这一点，有一个恰当的例子，即他们的第三张唱片《好吧，电脑》（*OK Computer*）。那是20世纪90年代成功的唱片之一，但3年后电台司令乐队推出的唱片《孩子》（*Kid A*）放弃了前一张唱片中大受欢迎的一切元素。完美的吉他技巧和经典的作曲结构（主歌—副歌—主歌）都消失了，取而代之的是充满电子打击乐、合成音甚至说唱的全新乐曲。

我还记得，当它推出时，我身边所有在那一刻之前一直是电台司令乐队粉丝的人都彻底在风中凌乱了。熟悉那种新曲子需要时间和耐心：每分钟都有刺耳的电子打击声，每首曲子的长度都很特别，就连主歌和副歌的位置都很古怪。不过，听的次数越多，越适应那种挑战性的新声音，越觉得那张唱片意味深远、令人难忘，里面的曲子也越动听、越复杂。现在它已成为全球公认的优秀唱片之一。

分辨研磨与空转

正如玛西亚所说，空转和研磨是不同的。有时候，你会混淆这两种情况。而事实上，大多数时候，空转可以演变为研磨。可是，如果空圈子转得太多，你可能会放弃，永远无法进入研磨状态。那不是我们想要的结果，因为你将永远无法抵达等在另一头的成功。

那么，你如何分辨有效辛苦和无效辛苦呢？无效辛苦可以转化为有效辛苦吗？换句话说，如果你觉得自己是在日复一日地原地空转，那要怎么做，才能将没完没了、消磨志气的空转转变成振奋人心、积极向上的研磨呢？

让我们来琢磨一下“空转”这个词。你的脑海里有没有浮现出几个可怜的家伙，双膝跪地，愁眉苦脸，仿佛生无可恋的样子？我有。空转很辛苦，空转永无止歇。那感觉就像是你竭尽全力却一无所获。

你尝试过那种感觉吗？我试过。我快满30岁时，在一个名气很大的女性杂志社得到了一份工作。我以为那是自己梦想中的工作，非常兴奋。当然了，一开始很艰难，因为所有新工作开始都应该很难，否则你就不是在进步。但是，困难似乎一直没有减轻的迹象。

事实上，随着时间的过去，我的感觉是越来越艰难了。我从同事那里听到的总是一模一样的批评。日子一天天地过去，起初的兴奋劲儿开始像浴缸里的水似的流逝。我焦虑、愤怒、绝望。

我想象自己6个月之后的日子，看不到任何能改变现状的出口。终于，我辞职了，跑到竞争对手那里。不要误会，第二份工作同样很艰难。但是，在第二个杂志社里，我的空转很快就转化成了研磨。我能感觉到自己的进步，而且不到一年就得到了晋升。顺便一提，那份工作一直都很难，只不过那是另外一种难法。它能振奋我的精神，而不是打击我的士气。它给我的感觉是有挑战，而非不可能完成。每一天上班，都像是赶赴战场，只不过，我是站在前头决定胜败的英雄，而不是等在后面的步兵。

我怨恨先前的那份工作吗？绝对没有。假如我能操纵时间，将它从自己的简历上抹去，我会那么做吗？不会！它绝对是必不可少的，因为它帮助我理解消极空转与积极研磨相比起来是什么样的感觉。那是面对糟糕经历时的正确处理方式。不论是一场没有未来的恋爱、一份艰苦的工作，还是一段日渐消弭的友谊，你都应该那样做。它们是你理解世界、想通自己的时间和精力最终应该投往何方的必要经历。当好心人说“听听我这个过来人的劝”时，我总觉得这话很傻，因为一段对某人来说是辛苦空转的经历，对另一个人来说未必如此。再说了，我坚定地相信，你需要亲身经历那种辛苦，这不仅是为了测试自己的极限与能力，还是为了发现自己的动力所在。

要想理解消极空转是怎么回事，最快的方法也许是与积极研磨做比较。每个人的感受都有所不同，所以，这里只能给出一个大概的指引。你也许会产生一定的共鸣。

空转

- 你觉得自己一次又一次地重复同一件事
- 你发现自己一次又一次地思考同一件事
- 你从身边的人那里得到的反馈总是一样的
- 随着时间的过去，你感觉自己越来越没干劲儿
- 随着时间的过去，你开始焦虑、沮丧甚至愤怒
- 你常常忘记自己一天里都做了些什么
- 你没有目标感
- 当你听到别人说“充实”的时候，觉得嫉妒
- 你无法想象现状能发生任何变化

研磨

- 你觉得自己在一点一滴地进步
- 你在思考新的主意来完成手上做的事情
- 你从身边的人那里听到鼓励的反馈
- 随着时间的过去，你从身边的人那里听到不一样的反馈
- 随着时间的过去，你感觉遇到了挑战，却更有干劲儿
- 随着时间的过去，你倍感振奋，决心更坚定，工作更投入
- 你非常清楚自己一天里都做了些什么

- 你感觉自己所做的事情有回报，很充实
- 你可以想象等在前方的成功是什么样子

如你所见，从表面上看，空转也许跟研磨一样，但是身处其中的感觉截然不同。玛西亚这样跟我描述消极的空转："你感觉自己一切都做得对——精彩的点子、周全的商业计划，可是无论你怎么努力工作，它就是无法产生任何摩擦力。"

大多数人会说："呃，没有摩擦力是因为我还没遇到合适的人来投资它。"或者，有些人会说："它没用，是因为大家都无法准确理解我的点子。"如果你已经开足马力日复一日地空转，总是从外界一次次地收到相同的反馈和信号，而你认为自己无法进一步改善你的点子，那么，你就需要扪心自问：我是在消极空转，还是在积极研磨？

这可能会是一个痛苦的问题，因为你也许已经在自己的项目上做了很多工作，花费了很多时间，可能还投入了金钱。你必须找时间问问自己：在我的控制范围内，还有什么事情可以做出改变吗？如果唯一能够改变现状的途径就是遇到某个真正"懂"它的投资人，那么，你也许是时候重新考虑了，因为那位投资人有可能永远不会出现。而你，年复一年地辛苦空转，浪费时间，浪费精力，消磨乐观精神，只为了一个渺茫的机会，希望命运把某位怀揣资金、喜欢你那"冷水瓶"发明的人抛给你。（"冷水瓶"就是一个与"热水瓶"相反的东西。）要我说，这不是什么优秀的人生计划。

记住，只有在自己的掌控之下，你所经历的辛苦才真正有效。如果失去控制，指望外界某个因素的垂怜，那情况就可怕多了。要是你陷入了后一种境况，并且断定自己是在消极空转，那么是时候拔掉电源了。但我有好消息告诉你：你并没有完全浪费时间。

我跟你讲一个年轻女子的故事吧。出于对这本书的考虑，也为了隐藏她的身份，就叫她麦迪逊吧（她告诉我，她并不是觉得丢脸，只是有点儿害羞，而且她一直希望别人叫她麦迪逊）。大概10年前，她辞去了空姐的工作，开发了一款应用软件。那是一款提供按摩服务的软件，跟Deliveroo[①]类似，只不过它送到你门前的不是烤鸡和酱料，而是按摩师。她向朋友们征求意见，大家都觉得不太有把握。

她的这个点子，比那个用来呼叫的士、跳上陌生人车子的小软件优步早多了。况且，它是在邀请陌生人到自己家里，并且脱掉衣服啊。真是怎么瞧怎么别扭。（现在这种软件当然存在，叫“都市按摩”。）她一次又一次地寻找投资，但没有人感兴趣。她还发现，找按摩师来注册也是一件难事，因为他们也觉得，跑进陌生人的家里做完按摩之后收钱，不大靠谱啊。（是的，当时并没有直接付款的方式，或者类似于PayPal[②]的交易方式。我说过，那是在很

---

① Deliveroo：是一个外卖送餐公司，名字是“送货+袋鼠”的组合，标志是一只袋鼠。

② PayPal：美国的一个在线支付服务商。

久之前啊。）

每次见到她时，她都跟我说同样的话：“真难啊！”没有人注册。打电话找人得到的回复总是拒绝，她已经腻了。我的意思是，每次问她，得到的回答都是完全一样的状况。尽管她累得快要趴下了，她的境况却没有任何改变。她的斗志开始消磨殆尽。在没完没了的空转中看不到尽头，她开始沮丧。她唯一能想到的解决方案就是找到一个她所谓的“真正目光远大”的投资者。然而问题是，那些有据可查的“真正目光远大”的投资者，她已经去找过其中的大部分人了，没有一个人愿意投资。终于，3年后，她认输了。

现在，她经营了一家非常成功的清洁公司，可以按照你的需要将清洁师傅送到你家门前。这可不容易啊。投诉很多，她必须指望清洁团队能够按时出现，并且按照每一个清洁项目的特定标准完成工作。但她觉得干劲儿十足。她告诉我，每天都面临着挑战，是“积极的挑战”。她清楚地知道公司的下一步应该是什么样子，而且投资者、朋友和同事给她的反馈都是认为她想出了一个绝妙的主意。只不过，这个主意完全不是凭空想出来的。

“我的新生意能够成功的原因之一是：我从开发按摩软件的过程中学到了很多。虽然那次创业没有任何结果，但我在无形之中建立了一个十分强大的样板。当我开始进行下一个项目时，就知道应该查看哪些指标，避免再一次落得同样的下场。第一次创业遇到过的所有失败，我在第二次创业时会格外注意。我的目标更加明确。因此，我从来不认为自己的第一次尝试是在浪费时间。”

将空转变成研磨

厨师这份工作，有可能会变成无休无止的空转。超长的工作时间，重复的任务，烦人的严厉主管，天天如此。去问业内任何一个主厨刚入行时的情景，他们都会说非常辛苦。他们经常整日整夜地工作，一站就是数个小时，几乎见不着太阳，而且总是负责厨房里最糟糕的工作。

我认识一位女主厨（就叫她爱丽丝吧）。她一开始在世界上优秀的餐厅之一当厨师。那年她18岁。头6个月里，她的全部工作就是将罗勒叶切成完美的小方块，用来摆在雪糕的上面。糕点厨师每天都要检查小方块，就算只有一点点碰伤或者某个方块的大小不对，都会要求她全部重做。（讽刺的是，吃饭的客人很少会留意那些小方块，几乎都是立刻把它们从雪糕上拿掉。）

然而，她说那是她从事厨师工作以来最有用的经验之一，因为她能感觉到自己在逐渐进步。一天又一天，糕点厨师对她的指责逐渐减少。每天晚上，她都计划着如何让下一次被丢进垃圾桶的碰伤方块越来越少。那是一种微小而难受的变化，但足以令她感觉自己在进步。这种感受很多主厨都有，他们经常愉快地回忆自己刚入行时在厨房里干活儿的时光。

厨师的职业发展体系等级分明：一开始，先做助理厨师，做一些类似将罗勒叶切成方块的工作；然后升级为岗位厨师，学习如何烤鱼或者烤出完美的牛排。学会之后呢？那就继续上升，成为副主厨，再往后是行政主厨，一直往上升。重点是，在职业途中的每一步，都能在辛苦的工作中感觉到自己在前行。这是一种有效的辛苦。

三星米其林主厨玛可斯·沃宁曾经说过：“厨师的成功秘诀就是辛勤工作和奉献精神。你如果足够聪明，就会说，你愿意从底层开始，努力攀登。”

爱丽丝就是这样做的。她说：“当我看到糕点厨师开始对我的成果点头而不是批评时，我就知道自己切罗勒叶的技巧有进步了。随着时间的过去，点头变成拍背，拍背再变成升职。”

所以你看到了吧，积极的研磨伴随着细小微妙的进步标志，也许是小到一次鼓励的握手或者一句“做得好”。为了保持积极的状态，你需要留意变化：感觉自己做得越来越好，有所前进，而且能从周围发出的信号中反映出来。如果是这样，你将会精力充沛、兴致勃勃、动力十足，就像年轻的助理厨师冲进厨房开始为晚餐忙碌时的那种感觉。

另一位米其林星级主厨汤姆·基钦完美地描述了那种感觉：“当你日复一日，周复一周地忙碌时，你需要那种额外的能量和喧闹。餐馆里可能出现的最糟糕情况——相信大多数厨师都会同意我的说法——就是当你下周来上班时，发现餐馆比上周安静了那么一点点。你的麻烦总是这样开始的。你会松懈下来。那种心态、那种紧张就消失了。”

Chapter 10 >>>
运用你的乞求本领

若想长期、多次地向人乞求所需，并不是简单地向合适的人伸出手就可以的。你需要一只手索要，另一只手回报。没错，有的人可能会帮助你第一次。甚至，如果你开口，他也许还会帮你第二次。可是第三次呢？人们的慷慨会渐渐消失。

拒绝人脉焦虑

几年前，我准备写一个关于伴侣一起训练的专题，于是发了篇推文：“征集伴侣一同健身的故事。如果你有，请联系我。”数分钟之后，一条消息出现在我的收件箱里：“你好，法拉，我叫乔，我和女朋友一起健身，随时乐意和你聊一聊。”

我给他打电话。他的嗓音略尖，跟大卫·贝克汉姆有点儿像，说话时，带着记者很少见到的那种热情。他告诉我，他是一个私人教练，在他家附近的伦敦南公园举办健身新手训练营，而且，他为客户量身定做的健身计划颇为成功。我们聊了20分钟。我喜欢他，因为他对我提出的每一个问题都能给出思路清晰的恰当答案。

谈话结束时，他对我说，如果我的其他专题需要任何健身或者营养方面的计划，只需要告诉他一声，他就能尽快为我准备。碰巧的是，我手上正在写的另一个故事确实需要有人给我提供一些健身方面的小窍门。“棒极了，”我记得自己心里这样想，“这可替我省下了大量时间。”我请他发几个想法过来。一个小时之后，它们就被发送到了我的电子邮箱，正是我需要的材料。在电子邮件的末尾，他还写道，如果我本人需要尝试健身计划，只要朝他吼一声就行。

“真是一个乐于助人的好伙计，”我心想，“我会再找他的。”

可惜啊，等到我真的再次想起他时，已经太迟了。18个月之后，他已经成为2017年的畅销书作者，是个大明星了。全国媒体开始介绍他的情况：他主持一个电视节目，而他的健身服务光是计划就价值数万英镑。许多个月之前跟我聊天的那位彬彬有礼的年轻人，名叫乔·威克斯。今时今日，他可以说是全球最成功的健身明星，也是一个炉火纯青的乞求者。

训练你的乞求本领

乞求很难——就让这句话在外面晾一会儿好了。没有人喜欢做这种事，它的感受就是简单直接的难受：既有担心别人对伸手索要的你有何看法的内心忧虑，又有寻找合适的索要对象的现实困难，还有心知自己没有多少东西能够回报，却要开口向人讨要某物的实实在在的羞耻感。

在我的成长过程中，“乞求者”一词是贬义的。他们多数是骗子或者恶棍。如果你跟某人乞求东西，基本上就是在逼迫对方陷入某种不情愿的境地。我还记得，曾经听妈妈说我们家的一个朋友是个“乞求者”，从此以后我对那人的看法就完全变了。在我长大成人之后的大部分时间里，“乞求”也不是什么光彩的事情，最好的情况是强人所难，最糟的情况是涉嫌犯罪，总之，这个词多数时候都是用来骂人的。不过，最近几年，它似乎有翻身的迹象。如今社交媒体上处处都有人积极吹嘘自己正在“乞求”某物，或者鼓吹“必须乞求，才能前行”。你能买到印有“保持谦卑，继续乞求”字样的T恤，以及封面上宣称“我是乞求者”的笔记本，仿佛那是世界上最励志的事情。最近还有人说我是个“乞求者”，她告诉我，那是一句赞美。

和今天的很多事情一样，你可以把这个现象归咎于硅谷。在那里，“乞求”完全是启动游戏的一部分。硅谷推崇勇敢的企业家精神。毕竟，要想成为杰出的企业家，条件之一就是要做好乞求的准备。你必须为自己制造机会，必须让自己显示在所有人的雷达屏幕上。身为企业家，你不会有企业年金计划的保底，每个月结束时也无法指望稳定的工资。你必须开动脑筋，磨砺你的“机会直觉”，时刻准备强行入侵任何与你、与你的事业有所关联的谈话。

身为硅谷偶像之一的史蒂夫·乔布斯也许是史上最著名的乞求者。读八年级的时候，他想自己制造一个频率计数器。当时惠普是世界上最大的电脑公司，所以12岁的乔布斯决定，直接给他们打电话，看看他们有没有闲置零件。

他在帕洛阿尔托市的电话簿上找到惠普的电话，打了过去。幸运的是，首席执行官比尔·休利特接起了电话。你猜怎么着？他不仅有一些多余的零件愿意送给乔布斯，还请他在暑假期间到公司里做组装频率计数器的实习生。这次乞求，乔布斯满载而归。

乔布斯的乞求哲学是：你只要开口问，就能得到。“秘诀在于，主动开口去问。”他说，“大部分人从不开口去问，有时候，这就是做事者与做梦者之间的分界线……我还没遇到过哪个人听到我的请求之后不肯出手相助的。”

他说得如此轻巧，如此简单！只需开口请别人帮忙，哇，就搞定了！他的咒语导致成百上千的人向各种公司毛遂自荐，要求提供实习和工作的机会；导致人们频频在社交场合遇到前来乞求的企业家，手里拿着卡片，要求随后一起喝杯咖啡或者“安排一次会面”来讨论他们的生意。我的社交安排里也挤满了年轻男女，索要“听取建议”或者一起“合作”某个项目的见面机会。

不过乔布斯忘记提及一点：要想成功地乞求，你必须开口去问，而且，你要有所回报。真的，若想长期、多次地向人乞求所需，并不是简单地向合适的人伸出手就可以的。你需要一只手索要，另一只手回报。没错，有的人可能会帮助你第一次。甚至，如果你开口，他也许还会帮你第二次。可是第三次呢？人们的慷慨会渐渐消失。若你坐在那里想：“你说错了，尽管我完全没有回报，但是很多人一次又一次地帮助了我。”那么，你应该是下面几种情况之一：

一、你运气爆棚。看样子，你遇上了人类历史上唯一愿意无条件地帮助你，无论多少次都行，而且不求任何回报的人群。恭喜啊！若是这样，你可能不需要看这本书了。你已经拥有一群守护天使，他们能为你做的事情远比一本自助指南多。你现在就可以合上这本书了。

二、你太过天真。也许你的恩主们尚未提出任何回报的要求，但是，考虑一下你和他们之间的关系吧。你是否拥有某种技能，可以在某个时刻帮助他们？他们的事业是否能以某种方式从你的事业中得到好处？真的，多花点儿时间仔细琢磨一下这个问题吧。我保证，一定存在某种隐含的关联。别误会，他们在有需要的时候肯定会扯动那些“紧紧绑住你的丝线”。

三、你自蔽双目。恐怕你不会喜欢这种情况。但实情是，你完全没有留意到恩主们早就厌倦了频繁的单向索取。确实，他们可能仍然会帮助你，但我保证，你要求得越多，他们就会变得越冷淡。他们对你的请求是否回应得越来越慢？他们跟你的来往是不是比以前少了很多？如果答案是肯定的，那么你知道所谓的“容忍”是什么意思吧？也许他们此时已经忍无可忍了。

* * *

所以，如何才能正确地乞求呢？怎样才能高效地索要，不仅能引起对方的注意，还能切实地迷住你的“乞求目标”？还有，最重要的是，怎样“乞求”才不会感觉太过难受。像史蒂夫·乔布斯那样的人，乞求这种事已经成为他的第二天性，就跟他在面向全世界的舞台上逛超市似的悠闲踱步一样。可对于我们大多数人来说，乞求很困难，非常困难。你感觉尴尬，感觉自己一丝不挂。而且你非常清楚，你的乞求目标是多么讨厌受人胁迫。这种行为对人的自信没有好处。但是，看了下面的案例，也许你就能发现一种好的乞求方法，它不仅让你在乞求的时候几乎感觉不到痛苦，而且用得越多，你的乞求能力就越强大。

裤子和众筹告诉你，乞求有多难

莎拉·布莱克利是世界上首位女性亿万富翁。你也许不知道她的名字，但你肯定知道她的生意。多亏了她，女人们才能在圣诞节之后的几天之内就穿上紧身裙，全靠她那不可思议的塑身内裤，把胖乎乎的胃部和肉乎乎的臀部像抽真空似的塞进最小的外衣里。如今Spanx①在大部分人看来显然是门好生意，是《龙穴》（*Dragon's Den*）②的所有成员都愿意倾尽全部身家去投资的发明。然而，它的起步完全不是这样的。莎拉·布莱克利要想将她的发明顺利地做成价值十亿美元的产品，唯一的方法就是忍受屈辱，一次又一次地运用她的乞求本领。

举个例子，她从美国零售商尼曼·马库斯集团那里得到第一份订单的故事。经过连续数周不停地打电话给采购总监尝试安排会面，她终于坐到了对方的面前。然而，布莱克利注意到，自己还没

① Spanx：塑身衣品牌。

② 《龙穴》：英国电视节目名，是个以创业投资为主题的真人秀。

说完，对方就已经失去了兴趣。她该怎么办？她请采购总监跟她一起到洗手间。那是一个大胆的举动，而且在当时的情况下，无疑相当尴尬。到了洗手间，布莱克利首先指出自己没有穿塑身衣时的身材是怎样的，然后她走进隔间，穿上Spanx，再走出来。采购总监对她前后的差异大为惊叹，立即下单为国内7家尼曼·马库斯百货都订了货。

莎拉·布莱克利的策略改变聪明极了。在那关键的时刻，她意识到光靠嘴巴来讲述自己的发明有多么出色是不够的。她必须向采购总监证明，自己的产品是如此神奇，能够改变尼曼·马库斯的针织品部门的命运。在那一刻，当她发现对方的兴趣在消退（也许因为采购总监在那天已经见过半打类似的产品了）时，明白自己必须迅速改变乞求的方式，少鼓吹自己的发明，多展示她的产品将如何帮助尼曼·马库斯。

我们以为“乞求”仅仅是发现机会然后挤上前去索要。其实不是。这种想法是对人类天性的误解。人类天生是部落动物，数千年前，人类身穿皮毛裙，颈戴猛犸齿项链，必须与其他部落融洽相处才能生存发展。也就是说，我们需要依赖互惠：你给我这个，我给你那个。所以，我们从骨子里期望回报。（当然了，在自己的部落里不一样：在部落内的付出并不期望回报。所以，这可以部分地解释为什么你的家人大概是唯一可以供你乞求、不求回报的人，当然，仍是有限度的。）

众筹，这种貌似神奇的社会资金募集方式，对这一点的理解再透彻不过。确实，它是在为你所相信的某种原因或者项目而筹集资金。毫无疑问，有些试图兜售自家产品的人也在上面强行推销。不过，众筹上的小贩们也明白，他们的乞求有一部分与你——“被乞求者”能从投资中获取的回报有关。

不久前，《时尚》采访了过去几年间最成功的众筹项目背后的人。他们几乎一致同意，对捐献者给予某种回报是最诱人的糖果。（有趣的是，“地位糖果”，例如将捐献者的名字列在项目名单上进行公示，效果最好。）

所以，你明白了吧？史蒂夫·乔布斯关于乞求的话（你只要开口问，就能达成心愿）说错了。如果你是史蒂夫·乔布斯，那很容易。史蒂夫·乔布斯开口去问的每一个人都乐意帮助他，是因为他是史蒂夫·乔布斯啊！设计师、工程师、新闻记者——每一个人都会帮助你，只要他们认为你最终会以涌泉报答他们的滴水之恩。

如果你跟我们大多数人一样呢？如果你能给出的回报其实并没有乞求目标想要的那么多呢？那将会是一次困难、屈辱的乞求。而你必须做的事情是：弄清他们想要什么，然后想明白如何能帮助他们达成所愿，或者，让对方相信你能帮助他们遂愿。

笨拙的乞求者会说：“我希望你能帮助我达成我的心愿。”

聪明的乞求者会说：“我这里有些东西，能帮助你达成你的心愿。”

两者之间的区别不仅在于后面一种说法的效果更好，还在于它能大大减轻你的屈辱感。人们缺乏某种东西时，都希望能向拥有它的人乞求。可是，正如我们说过的，乞求本质上是屈辱的，所以我们要尽量减轻这种感受。

无人能拒绝的乞求

当我在社交媒体上发布消息时，乔·威克斯看到了他的乞求机会。他识别出自己的“乞求目标”是我当时任职的杂志，并且在联系上目标之后，明智地看出自己需要尽量放大这个机会。

他从三个方面入手。首先，他提供了我需要的材料。他知道我要为一个专题采访某人，于是，他做好了随时待命的准备。其次，他推断出，当时身为健康杂志编辑的我可能会在日后需要专业的健身和营养计划——毕竟那是《女性健康》赖以生存的面包黄油啊。值得指出的是，他对那本杂志十分了解。我跟你说，那些前来向我乞求却压根儿不知道我任职于哪份杂志，甚至不知道我的工作是什么的人，数都数不清。还有，写电子邮件给我。要求《时尚》杂志报道他们及其产品的陌生人当中，很多人拼错了我的名字，最常见的是莎拉、哈拉或者斯朵尔女士，有时甚至连杂志的名称都写错了。这些都是笨拙的乞求方式。再次，在我们的合作结束时，乔还给我提供了一个试用他的健身计划的机会。他把乞求本领运用得如此娴熟，以至于那天结束时，我觉得反倒是我在向他乞求了。

还记得我说过，史蒂夫·乔布斯关于乞求的说法错在哪里了吗？他那个“只要开口问，就能得到”的建议是错的，从根本上误解了人类的天性。好吧，我仍然坚持自己的说法（毕竟那仅仅是几个段落之前的事嘛，而且说得很有道理），但我也认为，乔布斯低估了自己的乞求技巧。虽然他认为乞求只是开口索取你需要的东西，但他自己的做法却不是这样的。

我给你举个例子吧。1983年，乔布斯当时28岁，想聘请约翰·斯卡利来做苹果公司的首席执行官。但斯卡利并不动心，因为那时候他已经是百事可乐公司的首席执行官。而且，他在很多年前就加入了那家公司，从卡车司机驾驶员一路做到首席执行官。他忠于百事可乐。他在那里既有忠诚，也有历史。乔布斯拒绝了20多个申请者，花了5个月的时间来讨好斯卡利，才最终向他提出邀请，结果遭到拒绝。

眼看着机会就要从手中溜走，乔布斯很沮丧，也很绝望。他知道自己必须更加用力地提高自己的乞求能力。于是，他撂下了那句促使斯卡利重新考虑的名言：“你是想余生都卖糖水呢，还是想来跟我一起改变世界？”

在那一刻，乔布斯明白，单纯向斯卡利鼓吹自己提供的职位并不能打动他。他必须弄明白斯卡利真正想要的是什么。那时候的斯卡利已经做了几年的首席执行官，拿着相当可观的薪水。金钱与权力都无法勾起他的兴趣。但是，以世界最先进公司领导者的身份留名青史，那可真是一个无法抗拒的诱惑啊！

这就是乔布斯的本领：他能说服任何人为他去做任何事。然而，这并不是因为他开口了，而是因为他在乞求的同时给予了回报。他拥有一种能够知晓他人愿望的天赋直觉，他的同事们戏称之为“史蒂夫的现实扭曲力场”：他描述的现实正是对方想要的现实。

磨砺你的“机会直觉”

在你开始施展乞求本领之前，要先识别自己的需要，以及能够帮助你得到它的人。此时，你要面对现实。虽然我坚定地信奉目标要定得高一些，可是，请格温妮丝·帕特洛来为你宣传健康新产品的目标是不太可能实现的——暂时不行。过早地定下过高目标的唯一结果就是毁灭自信心。所以，仔细考虑吧。

列一张大约10个人的清单。别再多了，人数太多会晕头转向的。再说，成功乞求的美妙之处在于，一段人际关系必定会与另一段相连。你最不想看到的结果是，关系太多，以至于无力充分跟踪每一段关系。

现在，思考你需要从他们那里得到什么。是建议吗？如果是，那么是关于哪方面的建议呢？要明确一些。选择一件你想跟他们讨论的事情（最多两件）。他们需要知道帮忙的限度在哪里。

接下来，尽可能地调查他们的资料。新闻记者采访任何人之前，很自然就会这样做，不是因为我们想跟对方谈论他们生活中的方方面面，而是因为，如果我们对他们所做的事情一无所知，对方几乎能在眨眼之间分辨出来。别问我他们是怎么办到的，反正他们就是知道。现在，要调查任何人的信息都很容易。Instagram的账户犹如一扇窗户，可以让你观察他们可能是怎样的人，有何喜好；Twitter可以展示他们的观点和他们阅读的书籍；LinkedIn[1]则是一个可靠的好地方，可以让你全面了解他们的职业背景，以及他们的技能将如何满足你的需求。

识别出“乞求目标”之后，你要问问自己：如果他们回应了，我要怎样迅速与他们沟通？我的商业计划是否已经准备好拿出来给人看？如果他们真的答应见面喝杯咖啡，我是否已经厘清自己想要讨论的话题？还是一样，忙碌的人喜欢立刻采取行动。我已经数不清自己在工作中曾经多少次遇到过这样的人：当我询问能否见面跟进某个主意时，他们会选择尽快执行。他们的回答常常是：“那就现在吧？”所以，你在联络任何人之前，先用这个问题自问：如果他们对你说“那就现在吧”，你是否已经准备周全？答案应该永远是“是的”。

在一个挤满乞求者的世界里，速度和精准度都很重要。每当我想起自己以前给女性杂志写的那些建议读者尽量给很多人递送名片的人脉专题时，就惭愧不已。人脉不是那样运作的，反正，现在肯定不是了。如今的人们啊，远在一英里之外就已经看出你是乞求敢

① LinkedIn：全球知名职场社交平台。

死队队员啦。聪明的乞求者不需要“建立一个空间”。找到一两个与你以及你在那个空间中所做事情真正有关联的人，与他们建立关系，才是聪明的乞求方式。

知晓自己的价值

当你走进房间，最吓人的情况莫过于：里面的人谁也不认识，而你的乞求目标被簇拥在一群人中间。在这种情况下，你只好闷头硬闯不适区：双脚打晃地走过去，脑子里一边狂乱地搜寻着有趣的开场白，一边担心自己可能会被迫像个索要签名的粉丝一样等在旁边找机会……哎呀！难受的程度爆表啊。你该怎样缓解呢？

好吧，你要提醒自己，你对他们有何价值。光是知道自己能对他们有所回报，而不是单纯乞讨的心理认知，就能大大地减轻屈辱感。给自己列一张清单，写出你最强的10项技能吧。你有什么独一无二的本领吗？你也许是才华横溢的作家，也许是社交媒体的达人，甚至你也许仅仅在某个领域拥有你的乞求目标所缺乏的宽广人脉。

然后，看看其中哪一项是你可以用来帮助对方的。你所做的事情与他们所做的事情是否有交集？你能从他们的事业中发现某个你能帮忙补上的漏洞吗？

完成所有准备工作之后，剩下的就只有毛遂自荐了。某个远比我睿智的人物曾经告诉我，第一次见面时，握手永远是一个好办法。你要看着他们的眼睛，说出自己的全名，因为他们很可能已经认识半打跟你重名的人了，所以你要从一开始就让自己与众不同。

接下来，以赞美作为你的开场白：针对他们所从事的事业，说几个令你喜欢的地方。这样做不仅能展示你了解他们及其事业，还能在心理上充当一个比较轻松的初始互动方式。

在谈话期间，询问他们是否有需要你帮忙的地方。要将你的提问混在对话之中，比如简单地提一下："我在上一份工作中，用6个月的时间把我们网站的访问量提升了50%。我相信你们不需要这么做，不过，如果你们日后需要任何帮助，我很乐意帮忙。"就算他们没有接受你的提议，也能感受到你的慷慨。谁不愿意听听一个慷慨、讨人喜欢、似乎能给出同等回报的人说说他们需要什么帮助呢？

结 论

CONCLUSION

人生的BMD方法

3年前，我决定进行一个试验。我希望自己的人生更有成就，况且，我感觉自己还有余力可用。如果我还有很多以前从来没有发现过的潜力（也包括未曾意识到的弱点），我要怎样发现它们呢？举个例子，我要怎样才能知道自己是不是一个优秀的公开演说家，或者，在受压情况下是否有能力率领大型团队？当时我刚刚过了35岁生日，40岁就在地平线上等着我。我想看看自己是什么材料。

逼迫自己走入不适区并不容易。一般情况下，我们只有在机遇、环境或者他人的推动下，才会走进去。强迫自己踏进一个难度增加、压力加大、水深过顶的领域……很少人能做到。

然而，我的亲身经验是，我在舒适区之外反而表现得更加出色，所以我必须想办法尽量多地将自己投入不适区。但我知道，这事单凭意志力是办不到的。很多人（好吧，大部分人）在可以选择的情况下，都会挑选阻力最小的路，包括我。因此，答案只有一个：答应各种请求，也就是说，去做那些确实很吓人的、能够将我推入不适区的事情。

顺便说明一下，我说的并非从飞行在3万英尺高空的飞机上跳下来那一类事情（我知道自己的极限——跳伞是其中之一），而是自己一直幻想去做却从来没有胆量真正动手去做的事情。它们并非个人目标，而是个人愿望，是那种只要我足够勇敢就会毫不犹豫地去做的事情。

我认为，把它们从愿望变成实际目标的最快方法，就是先答应下来，然后考虑如何付诸行动。我答应出席一个政治类电台节目直播，尽管自己不擅长政治。我答应主持一场招待全球科技界30位资深女性的晚宴，尽管我对那个行业近乎一无所知。我答应在3万名观众面前演讲，答应参加一个面向全球广播的TEDx①讨论。所有这些事情，若是在几年前，我要么拒绝，要么用一句经典台词“我考虑考虑”来回应，但是现在，我统统答应下来。那句经典台词的问题在于，说出来的同时，恐惧就已经攥住了你，为你列出所有可能发生的糟糕事情。而直接拒绝并且永远不会失败，远比答应下来然后当众出糗容易得多。

所以，我想了一个名为“私人导师”的办法。此处请包容一下吧，我知道这主意听着很荒谬，类似于某人给你送上一个椰子壳，里面盛着热气腾腾的死藤水②，让你“放飞你的心灵”。但我是认真的。

---

① TEDx：由TED推出的一个项目，旨在鼓励各地的TED粉丝自发组织TED风格的活动。

② 死藤水：ayahuasca，一种有致幻作用的饮料。

我这一生中遇到过几位优秀的导师，都是卓越的男士和女士。他们一次又一次地将我推入不适区。我肯定，你身边也有这样的人。随着时间流逝，他们对我的信任已经填补了我对自己缺乏的信心，促使我走到今天，担任过两家杂志社的总编——这是我从未想过自己能做到的事情（我压根儿就没想过自己能做编辑，只幻想过一两次，但总是告诉自己，安安稳稳地做个报纸专栏作家就是我的雄心上限了）。导师是真正的命运赠礼，并不是每个人的一生中都能有幸遇上的。唯一的麻烦是：他们不能也不该一直伴随在你的身边。但这正是他们的美妙之处：他们犹如明灯，在漫长的黑暗道路前方闪烁，指引你走入不适区，然后消失，让你自己完成余下的事情。

很多人发现，如果有导师，我们会做得更出色。我自己就一直如此。因为有导师从身后推动，我们能办到一些平常不会想到要去做的事情。导师不接受否定的答案，因为他们能看到我们蕴藏的巨大潜力。他们能够看透我们拥有的力量，并且清楚地知道，只要我们多一点点自信，就有可能成长为什么样的人。导师的指引有点儿像自行车上的稳定器：一开始是必不可少的，但是当你不断前行时，就不再需要了。

可是，如果你没有导师怎么办？如果你一直没有遇到那个可以扶持你前进的人呢？如果从来没有啦啦队肯在你的路边吆喝、蹦跶，向全世界宣布你有多么优秀呢？那么，你自己给自己当导师就好了。

自己给自己做导师，听起来好像很疯狂，但我保证，只要你决定这样做，一天都不会后悔。因为我们大多数人都知道，适合自己的方向就是正确的旅行方向。我们都知道自己想去哪里，想走哪条路。（至于那些觉得自己不知道的人，是因为他们太害怕，连考虑一下都不敢。现在就坐下，把它写出来吧。如果人生没有压力和阻力，你想去哪里，想做什么？牢记那幅画面——它能帮助你克服一切困难。）

万事开头难，很多人都不敢迈出第一步，而私人导师能帮助你摆脱那种恐惧。一旦跨出第一步，你就能使用BMD方法来帮助自己走完剩下的路。私人导师将改变你对自己的看法，改变你本来以为已经心满意足的生活。它会为你敞开世界的大门，是的，这可能很吓人，但是记住，恐惧其实是兴奋的另一个名字。

要求很简单：如果你决定自己给自己做私人导师，那就需要聆听自己的心声，而且必须对它进行奖励，即使出了什么岔子。噢，对了，你永远不能忽略它。也就是说，你可能会答应去做许多以前绝对不会答应的事情。明白了吗？很好，那我们可以继续介绍你们俩认识了。

认识你的私人导师

那么，谁是你的私人导师呢？呃，你知道那个抢在任何人前面发言的内心之声吗？就是刚刚开口，立刻被你压制下去的那个声音，那就是你的私人导师。当老板询问坐满房间的人，有谁对刚才说的事有想法时，就是那个声音想说话，却不知怎的，让给了某个胆子够大却远不如你熟悉业务的同事。当同事询问，有谁愿意代表团队发言时，同一个声音说："我来！"却没有人能听见它，而你又一次只是默默坐在后面。就是那个声音说，你可以自己创业，按你喜欢的时间来工作，从事你真正热爱的事业，却被另一个更响亮、更霸道的声音压过。后者告诉你："别犯傻了！你会落得一个穷困潦倒的结局，余生都要睡在历德[1]超市的纸箱里。"管理学专家称这个极端的厄运之声为"内在批评家"，我称之为"雄心灭火器"，或者不太礼貌地说：应该被你无视的胡说八道。

你的私人导师和许多优秀导师一样，应该时刻为你寻找有利于你的好机会。发现之后呢？应该答应下来，立刻答应。答应这个动作很简单，但我们往往给它施加许多压力，以至于把自己吓退。事实上，有些人是如此害怕答应做事，以至于在潜意识中暗示自己，从一开始就根本不去靠近那些机会。听着很诡异，对吧？但是，你做过这种事，我也做过，此时此刻世界上就有成千上万的人正在这样做，全都是因为那句老话：从未试过，也就从未失败。但我会说，除非你一开始就愿意去推动那扇通往世界的大门，否则世界不会对你敞开。

接下来即将发生的事情是：你要答应去做自己一直想做的事情，每个月都要。甚至有可能那并非你一直想做的事，但是你知

① 历德：Lidl，德国连锁超市。

道自己的最终目标在哪里，而接受那个挑战是通往目标之路的一部分，那么你也应该答应下来。不要考虑，只管点头。先答应下来，再去思考行动。这就是我的办法。我发现自己会不假思索地应承下各种各样的事情，只要它们能在让我成为更优秀编辑（这向来是我的长期目标）的路上助我一臂之力，然后，我会把它们一一完成。答应是最吓人的部分，所以你应该马上就说出来。一旦说出口，你就能放松心情，开始思考自己怎样才能将刚刚同意的事情做出惊人的成绩——这就是BMD方法的用武之地了。

BMD方法：复习

你了解那种准备把膏药扯下来时的感觉吧？你很害怕，因为你知道会疼！呃，其实扯下膏药这个动作的整个过程并不疼，对吗？只是恐惧在阻挠你罢了。噢，不对，唯一真正疼痛的阶段是皮肤和膏药之间“拉拉扯扯”的那一小会儿，大概只占据整个过程30%的时间。这样一想的话，这个时间根本不算长。

我打个比方，人的一辈子就像在坐云霄飞车：云霄飞车全程2分钟左右，大部分时间根本不可怕，吓人的只有攀上那翻滚螺旋的顶部时，如同在跳板边缘摆好姿势的奥林匹克跳水运动员似的，悬挂在边缘上摇摇欲坠的几秒钟。是的，确实很恐怖。但那只占全部时间的10%，剩余时间里的体验其实相当爽快。

制造所有麻烦的，仅仅是那微不足道的短暂的不适时刻，即我所说的BMD。是它们阻止我们大胆地接受全新的挑战，是它们将阴影笼罩在整个经历上，让我们相信新的挑战很困难、很痛苦，只能绕道而行以便换取轻松的生活。

但是，世上并没有令人完全痛苦和恐惧的事情。如果你想获得丰富多彩的人生，那么没有任何事情是应该绕道而行的。面对生活中大部分令人望而却步的挑战，接受下来的关键在于：提醒自己，你完全有能力搞定其中85%的部分，至于剩下的15%，你可以用BMD方法冲过去。

BMD方法：实战

如果你将生活中的大部分事情拆解为三大块，就可以搞定它们当中的大多数。人类的大脑喜欢“三”这个数字。它是一个可靠的数字，是用于创建模式所需要的最小数目。它还有一种漂亮的节奏感。我们刚刚长到大人膝盖那么高的时候，听过许多带有“三”的故事，比如《三只小猪》（*The Three Little Pigs*）、《金发姑娘和三只熊》（*Goldilocks and the Three Bears*）、《三只坏脾气的山羊》（*The Three Billy Goats Gruff*）。这个数字让我们安心。勇闯不适区时，你很需要安心。

当困难的境况从地平线上朝你逼近时，你要这样做：将它拆分成三种可能发生的最糟糕情况。我指的是真正让你害怕的那些时刻，能让你觉得整个过程完全变味的那种。写下来。好了，这些就是你的BMD。（你要是将事情拆分成四五种情况，就会觉得头晕目眩，模式开始混乱，大脑开始迷糊。所以，就三种吧！）写完了？好，那你现在要开始思考三个靠谱的方案，帮助你完成这三个BMD。你也许不需要把这三种方案全部都用上，但光是准备好它们，也能让你放松下来。

我给你举个例子。担任《时尚》杂志总编几个月后，我应邀在数百名观众面前采访一位名媛。现在的我已经很习惯当众发言了，可是那时候呢？不行。更糟糕的是，观众里还包括我的新同事、新老板，还有首席执行官。噢，对了，采访那位女士简直是噩梦啊。她以容易激动，喜欢发表过激言论以及讨厌任何涉及私人的提问而著称。仅仅在数个月之前，她卷入一桩公共丑闻——观众肯定希望了解详情，我如果避而不问，就没有做好本职工作。

当初接受挑战时，我想都没想就答应了。但是随着采访的临近，我开始紧张。我列出一张又一张提问清单，竭力想要记住它们。问题是，我越想背，就越担心自己会忘掉。我心乱如麻，开始觉得眩晕。每次我想起这事，腹部就绞痛。我觉得自己没办法完成这个采访。它变成了怪物，要吞噬一切，事情已经脱离我的控制。这是非常难受的情况。

一天晚上，夜已经很深，我坐下来，拿起一支笔和一叠纸，写下自己害怕的东西。写完后，我望着面前的字迹，留意到两个明显的特点。首先，我只写下了糟糕透顶的情景：刚刚走上舞台引起观众注意的时候；忘记自己的提问；抛出关于公共丑闻的致命问题。（明白我刚才说的大脑会形成与“三”有关的模式是什么意思了吗？）其次，清单原来并不长，没有我想象中那么长。

我从最担心的情况开始：上台。它的阴云笼罩了其他一切。上台的时候，你走上舞台的动作将会吸引房间中每一个人的注意力。难啊，真的很难。事实上，难得像人间地狱。（任意找一个经验丰富的演说家来问问就知道，那是他们最讨厌的时刻。）我问自己，要怎样做才能避免落入站在舞台上哀求喧闹观众安静下来的境地呢？妥善处理这一步尤其重要，因为突破这个BMD的方式将定下整个采访的基调。

我观看了许多人站立发表演讲的视频。看得越多，我发现的模式越多：他们的开场白要么是一个玩笑（对我来说风险太大），要么是一个提问（如果能找到恰当的问题，可以这么做），要么是一个针对观众的指令或观察结果（同样完全可以做到），要么是“我想跟你们分享一个故事……”（我猜，人类天生就喜欢听有趣八卦的故事）。

对我来说，提问似乎是最容易的选项，然后用一个观察结果或者指令来跟进。如果不起作用呢？那我可以退回去，使用讲故事的方法。想好这个三点计划之后，我顿时轻松了许多。

下一个“难点”是向受访者提出一个敏感的“私人”问题。我琢磨着，好吧，处理这个麻烦的最佳方法是什么呢？我可以选择怯懦的做法，在采访初期就抛出这个问题，省得心烦。但是，那几乎肯定会刺激我的受访者，并且会导致整场采访失控。我也可以像很多新闻记者那样，将它留到最后，等双方都放松下来的时候再提。可是我推测，这样一来，如果受访者生气了，那么采访将不欢而散，给观众们留下糟糕的印象。如果将它安排在中期，跟在一个温和的问题之后，在一个愉快的情境下提出来，然后用一个搞笑的提问跟进，那么，这样的安排会呈现梨形变化，至少能挽救一下现场气氛，比前面两种做法好多了。于是，这就成了我的计划。

至于忘记自己的提问，哎，那容易啦。是的，我可以尝试背下它们（我现在仍然喜欢这样做，但这是个坏习惯，打我吧），我也会在自己面前放一份提问清单，并将最难记住的问题写在大拇指和食指之间的隐秘位置。这原本是喜剧演员的花招，会把你的手弄得像罗塞塔石碑[1]，但这只是个很小的代价。

最后，采访进行得十分顺利。我当然感受到了挑战，也感受到了兴奋和爽快，而不是害怕或眩晕。

顺便强调一下，BMD方法适用于任何事情。辛苦工作了一天，害怕自己走进家门之后就伸手去拿饼干罐吗？想一个三点策略吧。我的策略是这样的：首先，走进家门之后，不要马上换成松紧腰“危险裤”，因为我发现，可膨胀的腰围会刺激可膨胀的胃口；其次，我将饼干罐挪到了橱柜最高的格子里，这样一来，我就无法伸

---

① 罗塞塔石碑：上面密密麻麻地用三种文字刻着古埃及国王的诏书。

手够到它，而我通常会累到提不起精神去找个梯子来爬；再次，我将回家后喝的第一杯饮料从茶改成咖啡了，咖啡加饼干的组合吃起来跟茶加饼干的组合不太一样[①]。

走入不适区

BMD方法适用于任何事情，我知道这一点，是因为过去的5年里我天天都在用它。它不仅改变了我的生活方式，还改变了我对世界的看法。我的一位同事最近说，她无法想象有什么事情能吓倒我。她不知道，以前的我对很多事情都感到恐惧和焦虑。顺便说一句，恐惧和焦虑是每一个人都会经历的情绪。如果我没有感受过，那我就不是人类了。但我现在愿意承担更多风险，欢迎挑战。每当境况变得困难时，我就提醒自己，这就是事物往前发展的感受，就是人生破浪前行的感受。

记住，闯入不适区并不意味着消除恐惧，并不是要把世界变成一个没有恐惧的地方，而是要把你自己变得更加无所畏惧。知晓人类的灵魂其实武装齐备，足以助你突破重重障碍，闯过险恶地带，攀登伟大高峰。一旦你知晓并理解了这一点，一切就都变了。各处的大门就像被施了魔法似的纷纷敞开，不是别人为你拉开的，而是你自己推开的。机会开始像雨后春笋般纷纷冒出，不是因为它们的数量变多了，而是因为你更敢于去追逐它们。那种令心脏发颤的痛

---

① 这里指的是作者的个人策略，她个人感觉咖啡加饼干不如茶加饼干好吃。

苦时刻似乎渐渐消失了，不是因为世界变成了一个更轻松的家园，而是因为你比昨天更聪慧、更坚韧、更强壮。这些就是走入不适区能为你带来的好处：真实、真正的力量。

发现这一点之后，以前那些因为害怕而不敢去做的事情，我全部都做了。举个例子，虽然婚姻美满，但我仍然一直向往独自旅行。对我来说，那是最刺激的事情之一——也是了解一座城市的最好办法。我热爱独自旅行，我渴望那种独处。然而，除了21岁那年独闯巴黎的疯狂举动，我有很多年没有独自旅行过了，因为那包含了许多令我害怕的小事——全都是短暂的不适时刻——比如，一个人出去吃饭，靠着生疏的异国语言来使用公共交通工具，黄昏时分成为城市街道上的独行女子。但是，想通了BMD方法之后，我再也不会让那些琐事破坏整个体验了。现在，我每年都会独自前往一个陌生的城市。这种经历不仅滋养了我的灵魂，还让我遇到了许多不可思议的人，而他们又将我引荐给了更多不可思议的人。

我不再害怕独自前去参加工作聚会或者晚餐派对，只需要识别自己会遇到哪些BMD就可以了。对我来说，BMD通常是到达之后第一次做自我介绍的时候，或者被某人缠住之后试图在不伤害对方自尊心的前提下完美脱身的时候。最近我受邀前往伦敦中心区一座极为豪华的大宅，但那里的人我一个都不认识。宾客里面有一位男爵夫人、好几个硅谷大咖、一位哈佛教授……若是在几年前，我要么当场拒绝邀请（实际的做法是会纠结几天，任由恐惧用冰冷的手指抚摸我的后背——然后才拒绝），要么答应下来，然后在最后一刻被纯粹是凭空想象出来的困难吓得打退堂鼓。但是这一次，我不会了。我准备了一瓶葡萄酒和一束花，走进大宅（一定要带上小道具，这样你至少可以通过请别人帮你找地方摆放的借口，跟某个人开始谈话，因此不会像个彻底的废物一样杵在那儿），像在家里一样自在。那是一个精彩纷呈的夜晚。我认识的人比过去几年里都多，其中有些客人如今还成了我的朋友。

这个星期我还要面对一些挑战。我要参加两场晚餐派对，参与的客人我一个都不认识。还有一场公开辩论，对手是一位德高望重的编辑——我许多年前的职业偶像。我还准备在上议院发言。这些全都是我当场就答应下来的事情，而不是坐等恐惧袭来，好让它逼迫我拒绝这些机会。我并非天赋异禀，只是个寻常的记者，还是个合格的编辑。我并非世界顶尖的公开演说家。但是，我做了很多人不愿意做的事：每个星期都在自己的不适区里闯荡。因此，我获得了许多以往绝对不敢相信能落到我手里的机会。在2015年6月那个温暖的早晨，我站在《时尚》杂志的玻璃办公室里，清楚地看到前方等待我的困难。然而正是这种困难，仅仅在6个月之内，就帮我们重新夺回全国年轻女性杂志的头把交椅——16年来的第一次。

这本书里提到过的那些出类拔萃的男人女人们，也并非天生就那么出色。维多利亚·彭德尔顿、肖恩·拉德、玛西亚·吉尔格……没有一个人会说自己比你我更强壮或者更有天赋。但他们拥有一次次被父母、被境遇推入不适区的经历——就和我的团队每天都在做的事情一样。因此，他们了解人类的意志有多么顽强，他们知道“难题”仅仅是一种心态而非真实的状态，挑战是一种提升而非拉低。他们明白，测试人类潜力极限的有用方法是闯入不适区。他们理解，进入这片领域之后，身体和心灵上经历的那种神奇且神秘的感受是怎么回事。而你，一旦跨出第一步，也能做到。

感 谢

为这本书提供灵感的人太多了。那些顽强不屈的人们让我见识了拥抱不适的强大力量，我感激万分。以下名单不分先后：安娜·琼斯，从一开始就那么信任我；W. D. 斯图尔，和我一起遛狗时的头脑风暴很有帮助啊；罗瑟特·帕姆巴吉亚、丽贝卡·里奇以及《时尚》杂志的卓越团队，他们每天都被我逼着埋头苦干。我还想谢谢艾米莉·墨菲和杰西卡·勃朗宁。

此外，我要大声感谢能干的代理人艾德里安·星顿，优秀的编辑佐伊·博姆和安娜·斯德曼，坚强的克拉拉·迪亚兹、艾梅·基特森、吉莉安·斯图尔特和艾莉森·斯特金。

当然了，我还要感谢所有才华横溢的受访者们：玛西亚·吉尔格、肖恩·拉德、维多利亚·彭德尔顿、赛达·穆哈尔、莎布里娜·科恩哈顿、埃里克·安德伍德和塔莎·欧立希。他们花费时间，与我们分享拥抱不适的秘诀。